LES
COUREURS
D'AMOURETTES

PAR

MAXIMILIEN PERRIN

auteur de

Un Ami de ma Femme, les Folies de Jeunesse, la Fille du Gondolier, l'Amour à la Campagne, la Belle de Nuit, la Famille du Mauvais Sujet, le Trouble ménage, le Débardeur, Cœur de Lièvre, François les Bas bleus, l'Autel et le Théâtre.

(Entièrement inédit.)

II

PARIS

L. DE POTTER, LIBRAIRE-EDITEUR

RUE FONTAINE MOLIÈRE, 27.

LES

COUREURS D'AMOURETTES.

LES VIVEURS DE PROVINCE
PAR XAVIER DE MONTÉPIN

Ouvrage entièrement inédit, formant la contre-partie et le complément des VIVEURS DE PARIS.

LES DRAMES DE PARIS
PAR LE Vte PONSON DU TERRAIL

UNE FEMME A TROIS VISAGES
PAR CH. PAUL DE KOCK (Entièrement Inédit.)

LE BONHOMME NOCK
PAR A. DE GONDRECOURT.

LES ÉMIGRANTS
PAR ÉLIE BERTHET.

LES COMPAGNONS DE L'ÉPÉE OU LES SPADASSINS DE L'OPÉRA
PAR LE Vte PONSON DU TERRAIL.

LES
COUREURS
D'AMOURETTES

PAR

MAXIMILIEN PERRIN

auteur de

Un Ami de ma Femme, les Folies de Jeunesse, la Fille du Gondolier, l'Amour à la Campagne,
la Belle de Nuit, la Famille du Mauvais Sujet, le Trouble ménage, le Débardeur,
Cœur de Lièvre, François les Bas bleus, l'Autel et le Théâtre.

(Entièrement inédit.)

II

PARIS

L. DE POTTER, LIBRAIRE-ÉDITEUR

RUE FONTAINE MOLIÈRE, 27.

Droits de traduction et de reproduction réservés.

1859

LE VAGABOND

PAR

ÉTIENNE ÉNAULT ET LOUIS JUDICIS.

Si jamais œuvre d'imagination a réuni les conditions essentielles d'un haut intérêt, c'est sans contredit le roman intitulé *le Vagabond*. Puissante originalité des types, variété saisissante des situations dramatiques, peintures vivement accentuées d'un repli du pays breton et d'un épisode de la chouannerie contemporaine, tout concourt à imprimer un caractère plein de force et de grandeur à cet ouvrage de MM. Etienne Enault et Louis Judicis. Déjà, dans la création de *l'Homme de minuit*, nos deux habiles romanciers ont montré les ressources fécondes de leur collaboration. Il semble, cette fois, qu'ils se soient surpassés eux-mêmes, tant ils ont su mêler, dans le beau livre que nous annonçons, les plus merveilleux éléments de curiosité, d'attendrissement et de terreur.

A lui seul, le personnage surnommé *le Vagabond* est une magnifique raison de succès. C'est le dévouement fait homme, le dévouement libre et fier, qui jaillit du cœur comme une flamme, et n'aspire qu'après les joies sévères du devoir et de la vertu. Dans son âpre pèlerinage à travers la vie, il a beaucoup aimé, il a beaucoup souffert. L'amour et la souffrance lui ont enseigné le sacrifice ; et, fidèle à l'instinct suprême des cœurs magnanimes, son existence tout entière a pour règle invariable le mépris de l'égoïsme et le culte de l'abnégation. On comprend dès lors combien un tel homme, dominant une action où les péripéties se succèdent sans relâche, doit éveiller de généreuses émotions. Cette glorification des plus nobles sentiments n'est certes pas un mince mérite à une époque où tant d'ouvrages nouveaux s'efforcent de réussir par le scandale et l'immoralité. Il y a là comme une heureuse protestation contre les funestes tendances d'une littérature sans dignité. A ces causes, nous en sommes convaincu, le lecteur ne manquera pas d'accueillir *le Vagabond* avec une profonde sympathie.

LA REINE DE PARIS

PAR

THÉODORE ANNE.

L'époque de la Fronde, cette lutte entamée par des fous et continuée par des ambitieux, a des incidents qui sont de nature à tenter les romanciers. Pourquoi la Fronde a-t-elle commencé, pourquoi a-t-elle fini ? c'est un point difficile à expliquer. L'histoire ne donne point de cause sérieuse à cette guerre qui dura quatre ans, à ce désordre qui trouva son dénoûment, quand on fut las de combattre, et quand après tant de sang inutilement versé, la France aux abois cria grâce et merci. Le roman a le champ libre, grâce au silence de l'histoire, et M. Théodore Anne en a profité pour donner au moins à cette collision une apparence de motif. Trois lignes de l'ouvrage de M. le comte de Saint-Aulaire sur cette époque lui ont servi de point de départ, et usant de son privilége de romancier, il a mis dans la tête de la duchesse de Longueville, ce que l'on dit avoir existé un instant dans celle du prince de Condé, son frère. Peut-être trouvera-t-on que la Fronde, ainsi représentée, rappelle des événements plus modernes. C'est que tous les désordres sont frères et marchent vers le même but. C'est la soif des grandeurs d'un côté, c'est la soif de l'or de l'autre, qui guident les ambitieux de haut et de bas étage. Mais à côté du tableau ainsi présenté se trouve la leçon, et le dénoûment qui met chaque chose à sa place montre que les plus grands agitateurs capitulent facilement quand leurs intérêts sont sauvegardés. A côté des scènes d'ambition se trouvent des scènes d'amour, et l'amour amène une conclusion que l'ambition voulait retarder. C'est que de toutes les passions humaines, l'amour est la plus forte. Princes, ministres, grands seigneurs, magistrats, bourgeois, populaire, toutes les classes défilent devant le lecteur, et de ce contraste perpétuel naît un intérêt qui doit assurer le succès de l'ouvrage.

Paris. — Imprimerie de P.-A. BOURDIER et Cie, 30, rue Mazarine.

CHAPITRE PREMIER.

I

Les deux sosies (*suite*).

— Mon petit sosie, en attendant que votre tour soit arrivé, causons un peu ensemble, dit le marquis André de Beaulieu en passant amicablement son bras sous celui de Julien.

—Très-volontiers, monsieur le marquis. Ah ça! décidément, il paraît que vous me pardonnez ma témérité de ressemblance avec vous?

— Ma tête sur les épaules d'un honnête homme, n'a rien qui puisse me fâcher, et il n'y a, à bien dire, que monsieur votre père qui pourrait trouver à redire à ce jeu du hasard, si toutefois il n'était certain de la vertu de madame votre mère.

— J'ignore ce que pourraient en penser les auteurs de mes jours, ne les ayant jamais connu, étant orphelin, à ce qu'on me dit, et ignorant même de qui et où je suis né.

— Voila qui est singulier! quoi, les gens qui vous ont élevé ne vous ont pas révélé le secret de votre naissance?

— Celui qui m'a élevé, et me sert encore de père, est un bon vieillard, un saint ecclésiastique, aux soins duquel j'ai été confié le jour même de ma naissance, et qui a fait le serment de se taire et de m'aimer comme un fils, serment qu'il a tenu et que je respecte.

— Ainsi, vous ignorez même de quel sang vous sortez? demenda le marquis.

— D'un sang noble, monsieur le marquis, et il paraît même que je suis appelé à posséder un jour une immense fortune. Quand à mon nom, c'est Julien... Julien le bâtard, peut-etre!

acheva le jeune homme en soupirant.

— Pauvre enfant !... tenez, chevalier, vous m'intéressez ; ensuite, cette ressemblance qui existe entre nous excite au dernier point la sympathie qui m'attire vers vous... Venez me voir souvent, ma demeure vous est ouverte, vous y serez reçu et traité comme l'enfant de la maison... Cela vous convient-il ?

— Certes ! monsieur le marquis. Tant

de bonté, de votre part, me comble de reconnaissance et de joie! répliqua Julien.

Une demi-heure après cet entretien entre lui et le marquis, Julien vit avec ravissement Lively venir à lui en souriant, pour le prévenir que son tour étant arrivé elle était toute à sa disposition pour le premier quadrille ou le premier menuet comme bon lui semblerait de choisir.

— Un quadrille, mademoiselle, si tel

est votre bon plaisir, répondit le jeune homme en prenant la main délicate que lui présentait Lively, avec laquelle il fut prendre place à la danse, tous deux suivis des regards du marquis de Fransac et du vicomte de Brémont qui, quoiqu'ayant eu les premiers la faveur de servir de cavalier à la charmante fille, semblaient envier le bonheur de Julien.

Pendant qu'ils dansaient, Julien remarquait avec une espèce de satisfaction orgueilleuse que Lively détournait peu son regard de dessus lui, faveur qui, tout en le flattant, n'était pas sans lui causer un peu d'embarras, ce dont s'aperçut la fine demoiselle qui se mit à sourire avec malice.

— Oh! je devine votre pensée, monsieur, vous me trouvez bien osée, n'est-ce pas, de vous regarder ainsi que je le fais? mais c'est plus fort que moi; veuillez m'excuser. Votre extrême ressemblance avec mon père est telle, que je ne puis me lasser de l'admirer... Quand je pense encore, qu'on dit ici, qu'il y a infiniment de rapport entre vos traits et les miens, je suis tentée de croire que nous ne pouvons être étranger l'un à l'autre... Peut-être, sans nous en douter, descendons-nous de la même souche. Que sait-on ?

— Je le voudrais de tout mon cœur, mademoiselle ; mais je ne puis vous donner à cet égard nul éclaircissement, puis qu'on me dit orphelin et que j'ignore même ce que sont ou furent mes parents.

— Voilà ce qui est aussi étrange que douloureux ! fit Lively dont le regard était rempli de l'expression du plus vif intérêt.

— Ah! ne me plaignez pas, mademoiselle, car je suis heureux, très-heureux, grâce à monsieur votre père dont la bienveillance m'est acquise, qui me permet de venir auprès de vous puiser le bonheur et la consolation, et même de vous regarder comme une sœur bien-aimée... Est-ce que vous me le permettez aussi?..

— Mais, oui, je vous y autorise, monsieur... Venez, venez souvent, cela fait que j'aurai deux fois l'occasion de contempler les traits bien-aimés de mon bon père en retrouvant en vous sa fidèle image.

— Merci, ah! merci! mademoiselle... me voilà avec une famille, me voilà fier et homme... Oh! je suis persuadé qu'en apprenant cela, mon excellent gouverneur, ainsi que mes aimables protecteurs M. le comte d'Auberville et sa sainte femme, seront enchantés et qu'ils me féliciteront de ce bonheur.

— Cher frère, reprit en riant Lively, il faudra nous amener votre bon gouverneur.

— Très-volontiers, d'autant mieux que ce saint ecclésiastique, qui a pour moi toute la tendresse d'un père, voudra vous remercier, mademoiselle, ainsi que monsieur votre père, de vos bons sentiments à mon égard.

Le quadrille venait de se terminer, lorsque Julien prononçait ces dernières paroles et comme Lively se devait cette nuit là à tous les invités de son père elle se vit contrainte à regret, de se séparer de notre héros pour satisfaire aux nombreuses invitations qui la réclamaient de toutes parts.

— Mille dieux ! voilà d'étranges choses qui t'arrivent ici, chevalier, fit de Fransac d'un ton où semblait percer quelque peu de dépit, après avoir passé son bras sous celui de Julien lors que la jeune fille eût quitté ce dernier.

— Tu veux sans doute parler de l'inconcevable rapport qui existe entre les traits du marquis André de Beaulieu et les miens, n'est-ce pas ami?

— Ajoute encore, avec ceux de la belle Lively, ce dont je ne pouvais me lasser de contempler tout-à-l'heure, lorsqu'en dansant avec elle, vos visages se trouvaient l'un auprès de l'autre.

— Comprends-tu, de Fransac, que cette ressemblance me vaut les bonnes grâces du père et celles de sa charmante fille qui vient de me gratifier du titre de frère.

— Ce qui, insensiblement, pourra te conduire à celui de mari, observa le marquis.

— De mari! y penses-tu? Ne sais-tu ami, que déjà mon cœur est enchaîné pour la vie? que j'adore ma Berthe, à laquelle, pour tout au monde, je ne voudrais être infidèle.

— En vérité? Ainsi tu ne trahirais

pas Berthe pour mademoiselle de Beaulieu, quand bien même son père te l'offrirait pour femme? demanda de Fransac avec empressement.

Non certes! et cependant elle est belle et ravissante. Mais ma Berthe l'égale en beauté.

— Certainement, ensuite tu as juré fidélité à cette jolie enfant, qui t'aime de toute la force de son âme et que tuerait ton inconstance.

— Il me semble, ami, toi qui me moralise en ce moment, et te fais l'apologiste de la constance, que tu as furieusement changé de manière de voir et de penser, car tel n'était pas ton langage lorsque tu me disais : triomphe quand même et garde ton cœur; les femmes sont ici pour nos menus plaisirs et non pour nous faire souffrir, observa en souriant Julien.

— Mon ami, quand je te parlais ainsi, je n'étais pas comme aujourd'hui occupé de ma conversion.

— Celle qui te décide à épouser ta cousine Lucrèce de Grosbois?

— Epouser ce monstre! fi donc!!!

— Comment, tu changes d'avis?

— Depuis que la belle Lively s'est offerte à ma vue, depuis que l'éclat de ses beaux yeux, son sourire enchanteur et sa douce voix ont bouleversé mon cœur et ma raison.

— Comment, de Fransac, te voilà amoureux?

— Comme un fou! et puisque te

voilà en faveur auprès du père et de
la fille, puisque tu n'es pas amoureux
de Lively, que tu aimes ailleurs, je
pense que tu ne refuseras pas de leur
parler en ma faveur, de faire en sorte
de m'obtenir mon entrée dans leur maison?

— Volontiers, mais faut-il attendre
au moins que j'aie acquit quelque consistance auprès du père et de la fille
dont je ne suis jusqu'alors redevable
de la bienveillance qu'ils daignent me
témoigner, qu'au singulier hasard de
la ressemblance et non à mes faibles

qualités dont le faible mérite pourrait fort bien les désillusionner un peu plus tard.

— Tes qualités sont précieuses et nombreuses, cher ami; or, je suis convaincu que plus ils te connaîtront, plus ils s'enticheront de ta personne.

— Merci de ta bonne opinion, cher de Fransac, et s'il doit en être ainsi, tu peux compter sur ma suprême protection, répliquait en riant Julien lorsque le vicomte de Brémont qui les cherchait depuis longtemps parmi la foule, les aborda d'un air effaré.

— Ah! vous voilà donc, mes chers amis? J'avais hâte de vous retrouver. Vous voyez en moi, mes bons, l'homme le plus amoureux de France et de Navarre, un homme sur le cœur duquel, les charmes de mademoiselle Lively de Beaulieu ont produit les plus vives impressions.... Mes amis, si je ne parviens à devenir l'époux de cette divinité, je serai un homme mort! débita le vicomte avec empressement.

— Alors, de Brémont, il faudra cher, que tu me disputes chaudement sa possession, car, tel que tu me vois, j'en suis, ainsi que toi, tombé amoureux fou.

— Aurais-tu aussi la prétention de t'en faire aimer et de l'épouser? cher de Fransac, interrogea de Brémont avec dépit.

— Las, oui! fit le marquis.

— Sans doute que Julien a les mêmes prétentions à m'opposer!

— Non, vicomte, j'abdique le titre d'amant et me contenterai de celui de frère que m'impose mademoiselle de Beaulieu, répondit Julien.

— En effet! cette étrange ressemblance... Tiens, chevalier, je parierais ma tête que le marquis André de Beaulieu a connu madame ta mère et qu'il était pour le moins l'ami de monsieur ton père.

— Mille dieux! chevalier, trêve à de semblables observations, sous peine de m'affliger et de nous brouiller ensemble... Quoi que je n'aie pas connu ma mère, je ne souffrirai pas qu'on l'insulte en ma présence. Ma mère, monsieur, est ou devait être une sainte femme, ainsi me le dit mon cœur, ainsi me l'assure le bon et vénérable vieillard qui m'a élevé, fit Julien avec animation.

— Allons, ami, pardonne-moi une plaisanterie, dont je me repents, reprit de Brémont en présentant une main amicale que Julien pressa après un peu d'hésitation, Julien qui, venant à tourner la tête, s'aperçut que leur conversation avait dû être entendue du marquis André de Beaulieu, lequel André, était en train de causer avec l'un de ses invités et dont une simple portière d'étoffe avait jusqu'alors dérobé la vue à leurs regards.

— Silence, amis, et allons causer un peu plus loin, fit Julien en emmenant ses amis dans un petit salon où ils se trouvèrent seuls et libres de parler sans craindre d'être entendus.

— De Fransac, reprit de Brémont,

par égard pour l'amitié qui nous unit, tu renonceras, j'espère, à tes prétentions sur mademoiselle de Beaulieu. D'ailleurs souviens-toi que tu as donné ta parole à ta riche cousine et que tu l'épouses sous peu de jours.

— Que je n'épouserais pas et que je te cède de grand cœur, si deux ou trois millions ont l'avantage de sourire à ton ambition, répondit de Fransac avec ironie.

— Alors, nous voilà donc devenus rivaux? fit de Brémont.

— Et qui plus est, forcé de recourir à notre épée pour trancher la question? répliqua de Fransac.

— Quoi, encore une provocation, un duel! Avez-vous donc juré de vous assassiner l'un et l'autre? Voilà qui est indigne de la part de deux hommes qui se disent amis... Faites mieux, croyez-moi : renoncez à cette manie sanglante de trancher la moindre de vos discussions par les armes et le sang, coutume brutale qui toujours donne raison au plus fort, au plus adroit, à tort ou à raison... Vous aspirez tous deux à la possession de mademoiselle de Beaulieu, mais avant de vous la disputer, assurez-vous d'abord s'il lui plaira de vous accepter en qualité de prétendants à sa main, puis encore, de l'agrément de son père. Alors, si l'un et l'autre approuvent et encouragent vos recherches, efforcez-vous de lutter d'adresse, de galanterie, afin de l'emporter l'un sur l'autre, après vous être promis, juré même, que celui des deux qui sera vaincu, cèdera la place à son rival, sans cesser d'être son ami... Ce traité vous convient-il? Allons, parlez, mes fougueux champions.

— Il me convient, fit de Fransac.

— A moi de même! dit à son tour de Brémont.

— Alors, donnez-vous la main et commencez votre œuvre de séduction, reprit Julien en plaçant l'une dans l'autre les mains des deux rivaux.

CHAPITRE DEUXIÈME.

II

Deux mois plus tard.

— Mon père, vous voyez en moi une fille furieuse, désespérée, humiliée! s'écriait Lucrèce qui tenait une lettre ouverte à la main, en entrant un matin dans la chambre de M. le baron de Grosbois pour tomber anéantie sur un fauteuil.

En voyant sa fille dans cette agitation, les yeux étincelants, le teint violet, les dents serrées et les mains crispées, le baron eût peur : il n'avait jamais vu sa fille en pareil état.

— Que t'est-il arrivé, cher fruit de mes amours et d'une une union trois fois fortunée? qui a pu te mettre ainsi sens dessus dessous?.. Parle à ton père, car en vérité, tu m'effraies, disait le bonhomme tout en frappant dans la main de sa fille plus que majeure, afin de rappeler ses sens.

— Mon père! mon excellent père, dit-elle en sifflant comme une couleuvre, vous ne savez pas... votre monstre, votre exécrable! votre abominable neveu, cet infâme de Fransac, tandis que nous le croyons occupé de se préparer au saint sacrement du mariage, il s'amusait à s'amouracher d'une autre vierge que moi!

— Allons donc, c'est impossible!

après les serments qu'il nous a fait, le repentir qu'il nous a exprimé, les tendres et amoureuses caresses que vous avez échangées, même en ma présence, ce que j'ai même trouvé tant soit peu croustillant. Lucrèce, mon enfant, on t'auras trompée sur le compte de ce cher de Fransac.

— Alors, mon père, niez donc cette lettre que le monstre vient de m'adresser et dans laquelle il me dit : Que, étant épris d'une autre femme, je ne dois plus compter sur lui, reprit la vieille fille en présentant la lettre qu'elle tenait à son père qui s'empressa de la prendre pour parcourir vivement les lignes suivantes :

« Grâce, mille fois, oh! ma sainte cousine, mais vous savez que l'homme propose et que Dieu dispose, ce qui fait que, aujourd'hui, et pénétré du plus profond regret, je me vois contraint, oh, ma cousine! de vous supplier de dégager mon cœur de l'amour qu'il vous a juré et de renoncer au doux nœud qui devait unir nos destinées... Vous l'avouerai-je, oh, Lucrèce! mon cœur inconstant, malgré moi, vient de s'éprendre subitement d'une passion brûlante, idomptable en faveur d'une beauté que le ciel a fait apparaître à mes yeux. Me dégager de cette passion est, je le sens, une tâche au-dessus de ma force humaine ; or, après m'être sagement consulté dans le silence, après avoir mûrement réfléchi, je me suis dit : Lucrèce est un ange auquel il faut apporter une âme neuve et pure, un chaste amour que n'a point agité les passions violentes, il lui faut à cette créature céleste, un époux dont le cœur exempt de toutes pensées mondaines, lui appartienne sans retour, et le mien, oppressé par les fougueux sentiments que lui ont inspiré les charmes d'une autre femme est devenu indigne de lui être offert désormais. Ange du ciel, toi dont la charité, l'abnégation, l'indulgence sont les vertus principales, daigne pardonner à un faible mortel le crime de son trop sensible cœur et s'il renonce à t'appartenir comme époux, accepte le du moins, comme le plus tendre, le plus dévoué de tes cousins et amis... Adieu, Lucrèce, adieu ! encore une fois pardonne-moi et le ciel bénira en toi sa plus indulgente créature. »

— Le polisson ! s'écria le baron,

après avoir lu, se jouer ainsi du cœur de ma fille, le repousser sans égard pour la douleur dont va le pourfendre son inconstance! ah! c'est infâme!... Allons, cher enfant, du courage, de la fermeté. Il faut l'oublier et chercher un consolateur... Tu es riche, et pour le peu que tu t'en donne la peine, tu trouveras facilement un mari.

— Non, mon père, il ne sera pas dit que ce monstre se sera joué indignement de ma faiblesse, du tendre cœur d'une innocente brebis telle que moi qui se serait livrée à lui sans défiance....

Mon père, je veux courir chez lui, afin de l'accabler de mes justes reproches et comme je serais capable de faire quelque malheur, de lui arracher les yeux à ce misérable, vous allez m'accompagner, mon père.

Le baron de Grosbois, trop alarmé de l'exaltation de sa fille pour oser la contrarier et la laisser sortir seule, sonna un valet pour qu'il l'aidât à rajuster sa perruque, puis, monta ensuite en carrosse avec Lucrèce, afin de se faire conduire chez son inconstant neveu le marquis de Fransac au domicile duquel il se présenta donnant le bras à son grand échalas de fille dans les yeux de qui se peignaient la colère et la haine.

Lors de cette visite à laquelle il était loin de s'attendre, de Fransac un instant auparavant avait reçu celle d'une gentille danseuse de l'opéra, excellente fille qu'il avait pour maîtresse depuis près de deux mois, et à laquelle, malgré la violente passion qu'il ressentait depuis plusieurs jours, en faveur de mademoiselle Lively de Beaulieu, il n'avait pu se décider à fermer sa porte. Or, il était enfermé en tête-à-tête avec elle et en train de déjeûner, côtes à côtes et même à boire d'assez bons vins, lorsque la porte de la chambre où étaient attablés les deux amants, s'ouvrit brusquement et que pareille à la tête de Méduse, celle de Lucrèce apparut aux regards surpris du marquis, lequel en voyant le père suivre la fille, se leva vivement pour aller à leur rencontre tout en disant à la danseuse :

— Isabelle, c'est mon respectable oncle le baron de Grosbois et son aimable fille, ma cousine Lucrèce, que je vous présente.

— Ah! ce sont tes parents, mon cher? tant mieux.... Je suis enchanté de faire leur connaissance et de leur dire que je t'aime... Oh! il ne faut pas que ça vous fâche et fasse faire la grimace, mon vieux père, je suis une bonne fille, incapable de ruiner l'amant du choix de mon cœur.

Il se passa quelques instants avant que Lucrèce pût parler, elle suffoquait : enfin, faisant un violent effort et roulant des yeux furieux, elle dit :

— Osez-vous bien supporter nos regards, infâme que vous êtes, homme trompeur, inconstant, sans foi ni loi?

— Assez, assez, ma chère cousine! Ne sentez-vous pas l'inconvenance de votre démarche, ou n'avez-vous reçu la lettre que je vous ai écrite dans laquelle je vous donne d'excellentes raisons?

— Certes, que je l'ai reçue et c'est pour te dire que je me moque de toi, que...

— Mon cher oncle, je vous en conjure, imposez donc silence à cette folle, Fransac en riant.

— Folle! folle!... Oh! oui, il faut que je l'aie été pour avoir cru un instant à ton amour, à ton repentir, infâme libertin. Va, je te voue en punition de ton parjure à l'exécration du monde entier.

— Holà là! cette fille mûre est une enragée... De Fransac, mon ami, prends garde, elle va te mordre, s'écria la danseuse en riant aux éclats.

— Mais parlez-lui donc, mon père, reprit la vieille fille en se démenant comme une possédée, donnez-lui donc à votre tour votre malédiction.

— Oui, de Fransac, je partage l'indignation de la cousine, car ta conduite n'est pas celle d'un neveu respectueux, fit le vieux bonhomme avec sangfroid, car enfin tu as promis mariage à Lucrèce, à cette chère enfant qui t'aime de tout son cœur et que ton infidélité rend malade et désespère.

— Comment, mon chéri, il est possible que tu aies songé à épouser cette vieille fée qui est aussi laide que les sept péchés capitaux et paraît plus méchante que le diable, et cela, quand tu es mon amant et que je t'aime! observa Isabelle à haute voix, paroles qui excitèrent l'indignation du baron et au dernier point la colère de Lucrèce qui, ne se contenant plus, fit un mouvement pour se jeter les griffes en avant sur la jeune fille, mouvement que réprima le marquis en se plaçant entre les deux femmes.

— Calme-toi, mon enfant, tu te fais

un mal affreux pour un homme qui est indigne de ton cœur et de ta possession et s'il était ton époux, te rendrait la femme la plus malheureuse du monde.

— Oui, mon père, vous avez raison, je me calme... Partons, laissons cet homme avec cette fille éhontée et que jamais il ne reparaisse devant nous, fit Lucrèce avec dignité en lançant au marquis ainsi qu'à la danseuse, un regard suprêmement dédaigneux, pour ensuite disparaître avec son père.

— Quelle vieille furie! s'écria Isabelle, demeurée seule avec de Fransac.

— Sais-tu, petite, que cette fille, toute laide et méchante qu'elle est, possède des millions qu'elle m'apportait en mariage et auquel je renonce bénévolement?

— Où diable la fortune va-t-elle se nicher chez un laideron de cette espèce?

— Et que de ces mêmes millions je t'eusse donné une bonne part? ajouta de Fransac.

— Bah! j'aime mieux que tu ne l'épouses pas, que tu ne me donnes rien, et restes mon amant.

— Ce désintéressement de ta part, mon bijoux, m'est infiniment agréable et me rend encore plus douloureuse la cruelle nécessité qui me contraint à rompre avec toi, fit le marquis en affectant un air triste.

— Que dis-tu? rompre avec moi? le plus souvent; je t'aime trop pour cela Tiens, de Fransac, si tu me mets à la porte, je rentre par la fenêtre, si tu me frappes, je baise tes mains... A présent, ose me chasser !

— Corbleu ! je sais très-bien que tu es la meilleure des filles, que tu m'aimes pour moi, rien que pour moi, mais, comprends, ma chérie, je suis ruiné à plate couture et pour réparer cet affreux désastre, il faut absolument que je me marie.

— Alors, puisque ce malheur est absolument nécessaire, vu qu'un grand seigneur comme toi, ne peut rester, pauvre, épouse alors ton horrible cousine qui est la seule femme dont je ne puis être jalouse.

— Fi donc!

— Ah! ah! je devine, monsieur veut se marier avec une jolie femme auprès de laquelle il m'oubliera, pas de ça, monsieur, vous épouserez votre cousine ou vous resterez garçon et mon amant.

— Ajoute encore : Gueux comme Job.

— Peut-être, car il pourrait bien se faire qu'avant peu, grâce à la mort d'une vieille parente dont je suis l'unique héritière et qu'on dit toute prête de trépasser que je sois fort riche, alors, tu comprends, de Fransac, que si je deviens riche, tu le deviens aussi; or, ne te presse donc pas et reste-moi fidèle... Crois-moi, mon chéri ! tu chercherais bien longtemps avant de trouver une femme qui t'aimera comme je t'aime.

— Tu es, ma chère Isabelle, la meilleure créature que je connaisse, mais en dépit de tes qualités et de tout le bien que tu désires me faire, mon cher petit ange, il faut absolument cesser de nous voir, du moins pour quelque temps.

— Je comprends, cela est nécessaire à Monsieur, pour se marier, puis, s'il revient à moi, ce sera pour me donner le reste des caresses que madame la marquise son épouse aura refusé.

— Dis tout ce que tu voudras, gronde, pleurniche même, si l'envie t'en prends, mais la chose est comme je te le dis:

il faut absolument cesser de nous voir.

— De Fransac, tu es un méchant que je devrais cesser d'aimer si je m'en sentais le courage, mais au moins, ne me quitte pas tout-à-fait et promets-moi de revenir me voir quelquefois, afin de t'assurer que je te suis toujours fidèle.

— Eh bien! oui, je te le promets, dit le marquis en embrassant Isabelle dont les yeux s'étaient mouillés de larmes et que le marquis congédia non sans peine après lui avoir promis tout ce qu'elle exigeait et peut-être plus encore.

Il y avait peu d'instants que la danseuse avait lâché prise lorsque le vicomte de Brémont lui succéda chez notre marquis.

— Ah! ah! te voilà mon cher rival? Eh bien! quoi de nouveau? c'était ton tour hier à te rendre chez le marquis de Beaulieu et de faire ta cour à sa charmante fille.

— Or, c'est le tien aujourd'hui, cher, puisque d'après nos dernières conventions et pour ne nous gêner en rien dans les soins empressés que nous rendons en commun à la belle que nous aimons tous deux, nous avons arrêté que nous aurions chacun nos jours de visites.

— De Brémont, comment t'a reçu hier la belle Lively ?

— Très-gracieusement comme de coutume. Et toi, avant-hier ?

— Très-gracieusement comme de coutume et comme elle me recevra sans doute ce soir, répondit de Fransac.

— Diable! tout cela est fort joli, j'en conviens, mais si elle continue à nous recevoir aussi bien l'un que l'autre, cela prouvera que son cœur est aussi indifférent pour l'un que pour l'autre, dit de Brémont.

— Il n'y a qu'un moyen de décider la chose, c'est de nous prononcer plus nettement, de risquer la déclaration, la demande en mariage même, alors, si le marquis daigne agréer l'un de nous, le refusé cèdera sans murmurer la place à son heureux rival, cela sans rancune ni sans cesser d'être ami, proposa de Fransac.

— Soit! et comme c'est ton tour aujourd'hui, risque la demande et en sortant de chez monsieur de Beaulieu, viens m'instruire de ton triomphe ou de ta déception au cabaret des Barreaux-Verts, où je t'attendrai pour souper ensemble, quand même.

— C'est dit! répondit de Fransac.

— Sais-tu, cher, qu'une idée diabolique me tourmente, reprit de Brémont.

— Quelle est cette idée?

— Que notre jeune ami Julien, devenu le protégé du marquis de Beaulieu, l'intime de Lively, qui ne l'appelle plus que son frère, pourrait fort bien sans paraître y toucher, être amoureux de sa prétendue sœur et nous la souffler le plus gracieusement possible.

— Tu l'effraies inutilement ; ne te souviens-tu pas que Julien a dans le cœur une violente passion pour une jolie grisette de la rue des Minimes?

— C'est possible, mais il ne serait pas le premier qui garderait la fillette pour maîtresse tout en épousant la grande demoiselle.

— Ce cher ami est incapable de nous jouer un pareil tour, répondit de Fransac.

— Autrement, ça serait une perfidie dont il aurait à nous rendre raison les armes à la main, fit de Brémont.

La porte s'ouvrit et Julien se présenta.

— Ah! te voilà? Tu arrives ma foi fort à propos, pour rassurer ce pauvre de Brémont qui prétends que tu finiras par devenir amoureux de mademoiselle de Beaulieu et par nous supplanter auprès d'elle.

— Mes bons amis, si pareille chose

arrivait, de grâce ne m'en voulez pas, car, sur l'honneur, je fais tout ce que je peut pour garantir mon cœur contre les charmes de cette charmante personne.

— Mais, nous réponds-tu de ne pas succomber? demanda de Brémont avec inquiétude.

— On ne peut répondre de rien en la vie, fit Julien, mais ce que je puis vous assurer est que jusqu'alors, mon cœur a résisté, et que je n'aime mademoiselle de Beaulieu que comme on aime une sœur bienveillante envers nous.

— Voilà qui doit te tranquilliser de Brémont, dit en riant de Fransac.

— Oh! tu as raison, grandement raison de n'avoir pour Lively que des sentiments fraternels, dit le vicomte à Julien.

— Pourquoi cela! et pourquoi encore ne me serait-il permis d'avoir aussi bien que vous de l'amour au cœur pour cette charmante personne? demanda Julien d'un ton sévère.

— Pourquoi !...

— Parce que ? reprit Julien avec impatience en voyant de Brémont s'arrêter et sourire.

— Eh corbleu ! parce que rien au monde ne pourra m'ôter de l'idée que tu n'es pas le fils du marquis de Beaulieu et le frère de Lively. Est-ce qu'il est permis à deux êtres étrangers l'un à l'autre de se ressembler autant que toi et le marquis ? Est-ce qu'une pareille ressemblance peut-être un jeu du hasard? reprit de Brémont avec vivacité.

— Mais, c'est ma mère que tu insultes, vicomte! observa Julien avec colère.

— Que t'importe puisqu'elle ne te connait pas et qu'elle t'a abandonné.

— Sambleu! j'étais loin de m'attendre que ce serait la bouche d'un ami qui me jetterait aujourd'hui l'insulte à la face, et me ferait sentir tout ce que ma naissance peut avoir de douloureux et d'humiliant, peut être... Ainsi, monsieur le vicomte, vous me supposez bâtard du marquis de Beaulieu, enfin, le fruit illégitime des amours de ce seigneur, dont ma mère aurait été la maîtresse ? Répondez donc, Monsieur !

— Eh bien ! telle est ma pensée, répliqua péniblement de Brémont.

— Pensée que vous n'hésiteriez sans

doute pas de communiquer à qui voudrait l'entendre, si le malheur voulait que je devinsse votre rival? Vous à qui, sans nul motif, il plaît de blesser au cœur celui que vous appelez votre ami... Monsieur de Brémont, vous êtes un méchant homme! s'écria Julien.

— Mille dieux, chevalier, si chevalier vous êtes! vous me rendrez raison de vos insultes.

— A l'instant même, s'il vous convient, répondit Julien en plaçant son chapeau sur sa tête et en faisant un pas vers la porte.

— Hardi! mes petits amis. Corbleu! comme vous prenez feu..... Brémont, quelle mouche t'a donc piqué aujourd'hui pour te mettre ainsi en frais d'impertinence? Oh, tu as tort, très-tort! et si l'ami Julien te passe aujourd'hui son épée à travers le corps tu l'aurais véritablement bien gagné... dit de Fransac resté muet jusqu'alors. Allons! faites la paix, pardonne à ce cher Julien, sa ressemblance avec le père et la fille, unique motif de la querelle d'allemand que tu viens de lui faire, parce que tu crains qu'elle ne lui serve de passeport pour pénétrer dans le cœur de Lively... Oui, avoue-toi coupable, injuste et Julien oubliera, ce qui sera beaucoup plus convenable que de se couper la gorge entre amis.

— Merci de Fransac, dè ce que ton amitié veut bien faire en notre faveur. Je pardonnerais volontiers une offense personnelle, mais Monsieur de Brémont s'est permis d'insulter ma mère et quoique je ne la connaisse pas, que j'ignore si c'est à tort ou à raison qu'elle m'a privé de ses caresses, je ne puis la laisser insulter en ma présence et surtout sans motif aucun. Or, tu trouveras juste aussi que j'insiste pour que notre duel ait lieu... Monsieur le vicomte, je vous attendrai dans deux heures à la porte Maillot.

Cela dit et sans attendre de réponse, Julien s'éloigna d'un pas rapide.

— Sambleu, corbleu! corne de bœuf! chercher ainsi querelle à un ami! sans raison, sans que rien ne vous y contraigne! il faut être bête, cheval, mulet ou oison, pour agir de la sorte, disait de

Fransac à lui-même tout en parcourant la chambre à grands pas, puis s'arrêtant subitement devant le vicomte qui était demeuré pensif et silencieux.

— Mais, parle donc, infâme querelleur! fit-il, dis-moi donc ce qui t'as rendu injuste et méchant envers un ami commun, envers l'être le meilleur et le plus inoffensif qui existe sur cette terre ingrate. Parle! explique-toi! à moins qu'il ne te plaise mieux d'être taxé de méchanceté ou de folie.

— Eh bien! c'est la jalousie, c'est le

dépit que m'inspirent l'amitié, les prévenances de Lively envers Julien, ces cajoleries du père et de la fille, prodiguées en ma présence à cet homme, c'est enfin parce que je crains que mademoiselle de Beaulieu n'aime d'amour celui qu'elle se plaît tant d'appeler son frère. Tout-à-l'heure, en voyant paraître Julien, toutes ces choses me sont venues à la pensée et je n'ai pas été maître de contenir le dépit qu'elles soulèvent en mon cœur amoureux et jaloux.

— Suberbe en vérité! ah! tu aimes mademoiselle de Beaulieu, ah! tu veux lui plaire, l'emporter sur moi dans son cœur et pour y parvenir tu te brouilles avec le sosie de son père, avec celui que cette étrange ressemblance lui a inspiré la pensée de nommer son frère et de traiter comme tel. Bravo! Mais que va-t-il résulter de cette gaucherie de ta part? Que si tu tues Julien dans le duel qui va avoir lieu entre toi et lui, tu seras indubitablement consigné à la porte du marquis de Beaulieu qui certes! ne consentira plus à recevoir l'homme qui l'aura privé de son favori, de son fils peut-être, ainsi que tu viens de le prédire à Julien. Si, au contraire, c'est Julien qui te tue, cela donnera au cher garçon un relief de bravoure qui le haussera d'un cran de plus dans l'esprit du père et de la fille. Or, qui va gagner à tout cela? Moi, que tu débarrasses en ta personne d'un rival dangereux, soit que tu succombes ou que tu triomphes. Décidément, avoue que tu es un maladroit.

— Mais, je puis refuser le duel, répondit de Brémont, faire des excuses à Julien.

— Essaie, mais réfléchis que tu as touché en lui la corde sensible, car cet honnête garçon respecte et veut que l'on respecte sa mère que personne ne connaît et qu'il ne connaît pas lui-même. Ensuite, et franchement, s'il est bâtard, il n'est pas agréable de se l'entendre reprocher, et je passerais certes, mon épée avec volupté, dans le ventre de celui qui serait assez insolent pour me décocher ce compliment, si monsieur mon père avait oublié d'épouser madame ma mère ou de me donner son nom.

De Brémont sentant la justesse des observations que lui adressait de Fransac, baissa la tête et sembla réfléchir un instant, puis relevant son regard avec ardeur :

— Arrivera ce qui pourra, mais je me batterai puisque j'ai sottement provoqué. Sacrebleu! je ne suis pas aveugle moi, et si, depuis que nous hantons la maison du marquis, depuis que nous faisons la cour à sa charmante fille, il t'a plu de ne rien voir, de ne rien deviner, il n'en a pas été de même de ma part.

— Ah! ah! et qu'as-tu deviné? interrogea de Fransac en riant.

— Que Julien est ainsi que nous très-amoureux de Lively, à laquelle il fait sa cour en arrière, mieux encore que Lively l'écoute et l'aime, répondit vivement de Brémont.

— Tu ne fais que supposer, heureusement.

— Du tout, cela est chez moi certitude. Sambleu! tu n'as donc jamais remarqué combien le regard de Lively exprime de tendresse et d'intérêt lorsqu'il se fixe sur ce Julien, duquel elle semble s'occuper exclusivement, même en notre présence. Combien encore le marquis de Beaulieu prodigue d'intérêt et d'encouragement à notre rival, dont il fait imprudemment l'inséparable de sa fille, le commensal de sa maison... Crois-moi, Julien nous trompe, ou plutôt il se trompe lui même en croyant ne pouvoir aimer Lively, parce qu'une amourette l'enchaîne ailleurs, amourette qui s'affaiblit de jour en jour, grâce à la possession. Julien te dis-je, aime moins sa grisette, qu'il oublie d'heure en heure, au fur et à mesure que grandit le germe d'amour que lui a planté dans le cœur mademoiselle de Beaulieu... Je conclus donc que les choses étant ainsi, notre intime ami l'emportera sur nous, sans avoir l'air d'y penser, et que nous en serons pour nos frais de galanterie.

— Puisque tu penses ainsi, de Brémont, pourquoi, au lieu d'en venir tout de suite à l'injure envers Julien, n'as-tu abordé la question avec franchise, tel enfin que je compte le faire, maintenant que tes paroles ont jeté la méfiance en mon âme! demanda de Fransac?

—Parce que je ne pouvais plus longtemps contenir mon dépit jaloux; parce que je suis un maladroit! répondit de Brémont avec humeur et impatience.

— Voici l'heure de te rendre où t'attend Julien... Je veux t'y accompagner, être ton témoin... Partons! fit le marquis de Fransac.

—Mon témoin contre Julien! fit le vicomte avec surprise?

— Pourquoi pas? autant moi qu'un autre... D'ailleurs, mon intention est d'empêcher ce duel entre deux amis que j'aime également... Partons te dis-je.

Un carrosse de louage transporta nos deux amis à la porte Maillot, où en arrivant ils aperçurent Julien qui, en compagnie de son témoin, les attendait en se promenant dans une avenue du bois.

Les adversaires se rejoignirent pour s'enfoncer dans les taillis, afin de trouver une place convenable.

—Cet endroit me semble propice, messieurs, arrêtons-nous, dit de Fransac au milieu d'une clairière.

—Messieurs et amis, le duel qui va avoir

lieu entre vous est-il tellement motivé qu'on ne puisse l'éviter? dit de Fransac.

— L'insulte non méritée que m'a faite de Brémont n'admet point d'excuse, répliqua Julien.

— Mais mon intention, cher, n'est pas de t'en adresser, dit le vicomte en dégaînant.

— Silence! point de fanfaronade, de fausse honte, de Brémont... Tout-à-l'heure, chez moi, tu es convenu de tes torts envers Julien, en les attribuant à un dépit jaloux... Sachons donc, avant de commencer le combat, si la cause qui l'a provoqué est réelle ou non... Julien, est-il vrai que tu aimes Lively, enfin que tu sois devenu notre rival, après nous avoir assuré que ton cœur appartenant à Berthe ne pouvait admettre un autre amour? demanda de Fransac.

— A quoi tente cette question? auriez-vous, par hasard, la prétention de m'interdire le droit d'offrir, ainsi que vous le faites, mes hommages à mademoiselle de Beaulieu?

— Peut-être! répondit de Brémont.

— Diable, mes seigneurs, vous vous arrogeriez alors un plaisant privilége, duquel je ferais fort peu de cas, je vous l'assure, s'il me plaisait de me mettre au rang des adorateurs de mademoiselle de Beaulieu.

— Julien, tu n'en feras rien, j'espère, car tu aimes Berthe, dit de Fransac?

— Peut-être, et alors il sera plaisant, avouez-le, mes bons amis, de voir un bâtard prétendre à la main d'une des plus nobles filles de France, et encore plus agréable pour vous de le savoir repoussé ; car, comme me l'a dit ce cher vicomte, que suis-je pour oser? moins que rien, moi qui ne possède seulement pas un nom... Allons, vicomte, finissons-en, termina Julien en tirant son épée.

— Soit! fit de Brémont.

— Les fers se croisèrent, et de Brémont, touché en pleine poitrine, roula sur l'herbe.

— A ton tour de Fransac, car j'aime Lively et je m'en crois aimé.

A nous deux alors, s'écria le marquis en croisant le fer, pour aller tomber à côté du vicomte avec une forte blessure au côté droit.

— Dis donc de Brémont, je crois que nous avons trouvé notre maître, dit gaîment de Fransac au vicomte, lequel perdait le sang à flots, et que Julien, aidé de son témoin, s'empressa de secourir le premier en bandant sa blessure, comme étant le plus en danger, pour ensuite rendre le même service à de Fransac, qui venait de s'évanouir.

Le carrosse, amené le plus près possible du lieu du combat, reçut les deux blessés, auprès desquels se placèrent Julien et son témoin, puis on roula rapidement vers Paris, où Julien fit transporter le marquis et le vicomte dans son domicile et sa propre chambre, pour ensuite faire appeler un médecin, lequel déclara que ni l'un ni l'autre des blessés n'était en danger de mort.

Le vieux Renaud, qui était présent lors de l'arrivée de nos duellistes, après avoir aidé à transporter les blessés dans la chambre et sur des lits, secondé l'homme de l'art dans les soins qu'il leur prodiguait, s'empressa de prendre à part son élève dans une chambre voisine, afin de lui demander, d'un air peiné, d'où provenait l'état dans lequel il voyait les deux jeunes gens, et qui avait été assez inhumain, assez ennemi de son prochain pour leur infliger d'aussi graves blessures.

— Moi, cher gouverneur, en me battant en duel avec eux à la suite d'une petite discussion.

— Toi! saint Dieu! tu t'es battu en duel avec tes amis et tu les as blessés de la sorte; toi que je croyais un être inoffensif et charitable tu te permet d'offenser Dieu à ce point, malheureux enfant?

— Cher ami, je suis un homme, et je n'entends pas qu'on m'insulte impunément! répliqua Julien d'une voix ferme.

— Comment, tes deux meilleurs amis

se seraient permis de s'oublier à ce point, eux qui semblaient te porter une si vive affection ?

— L'un a osé me reprocher l'obscurité de ma naissance en des termes blessants, l'autre, poussé par une fureur jalouse, m'a cherché querelle, et comme un duel pouvait seul réparer ces offenses, nous nous sommes battus en gens de cœur, je les ai blessés et maintenant tout est oublié, je ne leur en veux plus ; la preuve cher ami, est que, pour être mieux à même de leur prodiguer mes secours, je les ai fait transporter ici, où vous m'aiderez à les guérir.

— Mon doux Sauveur! mais que dira de tout cela madame la comtesse d'Auberville? fit le bon curé d'un air désolé.

— Que je suis un homme de cœur qui ne se laisse pas insulter impunément.

—Julien, mon cher enfant, je t'en supplie, dis-moi le véritable motif de ce duel?

— Rien de plus simple, cher ami; nous aimons tous les trois la même personne, qui est mademoiselle de Beaulieu; de Fransac et de Brémont ont la prétention de vouloir m'interdire ce droit et de s'arroger à eux seuls ce doux privilége, mais comme je me crois le plus favorisé des trois, j'ai soutenu ma cause à la pointe de mon épée.

— Tu aimes une jeune fille? tu es amoureux? tu te bats en duel? Mais tu ne vaut donc pas mieux que les autres, toi que je croyais un saint?

— Allons, mon vieil ami, ne vous étonnez et ne vous affligez pas ainsi, car, sans être un saint, je n'en suis pas moins un assez bon garçon qui a un cœur et une épée pour défendre son honneur, celui des gens qu'il aime et dont il est aimé contre qui voudrait y porter atteinte.

— Est-ce que tu penserais déjà au mariage, cher enfant?

— Pourquoi pas, puisque je suis dans l'âge où l'on peut entrer en ménage? Que monsieur le marquis de Beaulieu consente à me donner la main de sa jolie fille et je n'hésite pas... Elle est si belle, ma chère petite sœur!

— Comment, ta sœur?...

— En effet, vous ignorez... Sachez donc, mon vieil ami, que Lively m'appelle son frère, en faveur de l'extrême ressemblance que mes traits ont avec ceux de son père ; ressemblance étrange, qui surprend tout le monde, au point de faire croire que je suis le fils de monsieur de Beaulieu.

— Voilà qui est étrange en effet... Quel âge a ce monsieur de Beaulieu?

— C'est un beau cavalier de quarante-cinq ans à peine... Tenez, cher ami, je veux vous présenter au marquis, lequel vous accueillera avec toute l'aménité dont il est susceptible... Vous verrez aussi sa fille, la belle et douce Lively, et vous me direz après s'il est possible de garder son cœur lorsqu'on la connaît... Maintenant, retournons auprès de nos pauvres blessés, nous informer de leur position, ajouta Julien en entraînant le vieux Renaud par la main.

CHAPITRE TROISIÈME.

III

Faits divers.

Le lendemain notre curé se présentait, le front soucieux, chez la comtesse d'Auberville, qui le recevait dans un petit salon de son appartement particulier.

— Bonjour, mon vieil ami, vous m'excuserez si au lieu d'aller vous faire ma visite, je me suis permis de vous prier de venir vous même chez moi, dit la dame en présentant une main affectueuse au vieillard. Mon ami, asseyez-vous à côté de moi et profitons vite de ma solitude pour causer de nos secrètes affaires.

— Je suis tout à vos ordres, madame la comtesse? répondit Renaud en se plaçant sur le sopha qu'occupait Hubertine.

— Mon vieil ami, j'étais impatiente de

vous voir, afin d'apprendre quels sont les deux jeunes gens blessés que Julien, m'a-t-on dit, a fait transporter hier chez vous et auxquels il prodigue ses soins.

— Madame, ces gens sont monsieur le marquis de Fransac et le vicomte de Brémont, deux amis de Julien, lesquels ont été blessés en duel.

— Par qui?

— Sans doute par ceux avec lesquels ils se sont battu, répondit le prêtre avec embarras.

— Vous ignorez le nom de leurs adversaires ?

— Non, madame la comtesse, mais... je ne puis les nommer, j'en ai fait la promesse.

— Je n'insiste plus alors... Ces jeunes gens sont-ils blessés dangereusement ?

— Non, madame, ni l'un ni l'autre ne sont en danger.

— Tant mieux ! Il faut avoir grand soin d'eux, mon ami.

— Tel est le devoir que je me suis imposé, madame.

— Savez-vous, mon vieil ami, que ce n'est pas sans une certaine crainte que je vois Julien être l'ami de deux duellistes dont il pourrait suivre l'exemple; lui dont les jours me sont si chers et si précieux !

— Julien sera sage et craindrait de vous affliger, vous qu'il honore et respecte, en contractant des habitudes homicides... Il sera sage, il me l'a promis...

Quant à ses amis, je crois que la leçon qu'ils viennent de recevoir les rendra plus circonspects et moins mauvaises têtes à l'avenir.

— Hélas! je sais que, au temps où nous vivons, il faut qu'un homme, s'il veut se faire respecter, ait souvent recours à son épée, sous peine de passer pour un lâche ; aussi est-ce pourquoi, mon pieux ami, je ne puis que trop vous recommander de veiller sur mon fils, afin d'écarter de lui le danger qui menace souvent un jeune homme de son âge et de son inexpérience.

Madame la comtesse, n'exigez point une tâche au-dessus de mes forces... Réfléchissez que Julien est dans l'âge où la société d'un vieillard ne peut plus lui suffire, que le monde le réclame, que les plaisirs l'appellent loin de moi, pauvre et chétif vieillard, auprès duquel il ne rencontre que l'ennui.

— Oh! comprenez-moi, mon ami, ce que j'attends, ce que je sollicite de votre amitié, n'est autre que vos sages et prudents conseils, que Julien se fera toujours un devoir d'entendre et de suivre, ces pieuses paroles enfin qui, tombées de vos lèvres pour pénétrer dans son cœur, continueront à le maintenir dans le chemin de l'honneur et de la sagesse. Faites cela, mon ami, et la mère à laquelle vous aurez conservé un fils honorable vous bénira du fond de son cœur.

—Je continuerai cette tâche que je me suis imposée, ma chère Hubertine, tout en adressant au ciel mes prières, afin qu'il protége et guide dans le bon chemin notre cher enfant.

— Merci, merci mon ami, fit Hubertine en pressant la main du prêtre.

— A propos, reprit ce dernier, savez-vous, madame la comtesse, que notre Julien pense déjà au mariage, ce qui annonce chez un jeune homme de son âge des goûts paisibles et constants?

— Aurait-il déjà fait un choix, par hasard? demanda Hubertine en souriant.

— Un choix très-honorable même, car il ne s'agit rien moins que de la fille du marquis de Beaulieu.

— Mon Dieu! Julien en serait-il épris?

— Je crois que oui.

— Ce serait un grand malheur, alors, mon ami, mademoiselle de Beaulieu est de trop noble famille pour que son père consente jamais à la donner à un homme comme Julien qui n'a ni naissance, ni nom, reprit la comtesse avec inquiétude.

— Nous n'avons en effet ni naissance, ni nom, mais nous possédons certaine ressemblance tellement frappante avec les de Beaulieu, qu'ils nous ont pris en grande amitié, que le père nous appelle mon enfant et la fille mon frère, répondit Renaud en laissant errer sur ses lèvres certain sourire d'orgueil et de satisfaction.

— Une pareille ressemblance me paraît étrange... Mon ami, vous avez été à même de l'apprécier en voyant le marquis ?

— Pas encore, mais Julien m'a promis de me donner cette satisfaction en me présentant bientôt à monsieur de Beaulieu.

— Mon pieux ami, acceptez, hâtez même cette présentation, qui nous mettra sans doute à même de deviner les intentions du marquis de Beaulieu à l'égard de Julien, et le degré d'intimité qui existe entre la fille du marquis et notre enfant. Ceci est de la dernière importance, mon ami, car il serait prudent d'éclairer Julien, d'arrêter dans son cœur les progrès d'un amour sans espoir, si l'illégitimité de sa naissance devait être un obstacle à son union avec mademoiselle de Beaulieu. Ce que je pense et redoute. Oui, voyez monsieur de Beaulieu, parlez-lui de Julien, provoquez même les questions qu'il ne peut manquer de vous adresser sur lui; répondez que cet enfant est le fruit de la séduction, qu'il ne connaîtra jamais sa mère, enfin, qu'il est sans famille, sans titre aucun, quoique né d'un sang noble. En disant ainsi, vous aurez soin d'observer les yeux du marquis, vous l'écouterez parler et si dans son langage vous devinez qu'il ne peut y avoir nul espoir d'union ni de bonheur pour Julien, alors nous nous efforcerons d'éteindre dans le jeune cœur de cet enfant, une passion qui ne pourrait être pour lui qu'un sujet de douleur et de regret, en l'éloignant de mademoiselle de Beaulieu par tous les moyens possibles, fusse même en le faisant voyager.

— Vous êtes la prudence même, madame ! et votre tendre sollicitude sait prévoir ce qui échappe à l'intelligence affaiblie d'un pauvre et crédule vieillard. Oui, il faut éviter les chagrins à notre enfant, il faut que nous fassions en sorte, que l'existence lui soit légère et heureuse... Oh ! je verrai monsieur de Beaulieu, je lui parlerai, l'interrogerai même et nous saurons alors ce que vous, votre fils et moi, nous devons espérer de bonheur ou de tourment pour l'avenir.

— Mon ami, vous me direz encore, si cette ressemblance à laquelle Julien est redevable, dit-on, des bonnes grâces du marquis et de sa fille, existe véritablement.

— Elle existe, madame, et d'une façon miraculeuse, m'ont assuré Julien et ses deux amis, répondit le vieux curé.

— Mon ami, avouez que cela est étrange, d'autant plus, que l'on ne peut même attribuer cette ressemblance à un regard, puisque jamais le marquis de Beaulieu et moi ne nous sommes rencontrés?

— Effet du hasard, madame la comtesse.

— Il ne peut en être autrement, répondit en souriant Hubertine, n'importe, reprit-elle, moi aussi je veux voir le marquis et m'assurer par mes propres yeux.

Cet entretien fut interrompu par le roulement d'un carrosse qui entrait dans la cour de l'hôtel, lequel ramenait M. le comte d'Auberville de Versailles où le roi l'avait fait mander la veille.

Pendant l'absence de son gouverneur, Julien s'était rendu dans la chambre où étaient couché de Brémont et de Fransac, dont la surprise avait été des plus grande après avoir repris connaissance, de se savoir dans la demeure de leur adversaire commun, auquel ils s'étaient empressé de tendre une main affectueuse en le trouvant à leur chevet veillant sur eux avec sollicitude.

— Mille dieux, Julien, tu es un ennemi généreux, cher ami, et il y aurait, en vérité, méfait et ingratitude, de demeurer ton rival, va donc ton train, cher ami, car je renonce à la belle Lively et retourne à ma noble et laide cousine Lucrèce de Grosbois, dont les millions m'aideront à me consoler d'un amour malheureux, dit de Fransac.

— Quant à moi, Julien, je ne te dirai pas que je prends mon parti aussi gaîment que ce sans-souci de Fransac, car j'aime encore Lively, mais ce que je puis t'assurer, est que je vais faire tous mes efforts pour l'oublier, quand même je devrais en crever de chagrin, dit à son tour de Brémont, de Brémont affaibli par la gravité de sa blessure et plus pâle que la mort.

— Bien, bien ! guérissez d'abord, mes amis, et nous verrons ensuite à faire assaut de générosité, répliqua Julien tout en allant d'un lit à l'autre.

— Sambleu ! sais-tu, petit, que pour un novice en fait d'armes, tu nous as drôlement houspillé, nous, des roués qui avons fait nos preuves en maintes circonstances ? Tonnerre ! tu n'y a pas été de main morte ! foi de Fransac, voilà un début qui te fait honneur !

— Ah ! tu trouves que de tuer à moitié ses amis est chose honorable ? Eh bien! je pense le contraire, et si le hasard eût voulu que je vous tuasse tout à fait, je serais inconsolable et me reprocherais toute la vie une pareille faute, répondit Julien.

— Palsambleu! lorsque des amis se changent subitement en ennemi, ainsi que ce rageur de Brémont et moi, on est très-excusable de leur passer une épée à travers le corps.

Un valet se présenta pour remettre à

Julien une lettre qu'on venait d'apporter pour lui et sur laquelle le jeune homme reconnut aussitôt l'écriture de Berthe.

Julien, empressé d'en prendre connaissance, quitta la chambre de ses malades pour passer dans une autre où il rompit le cachet :

— Julien, voilà huit jours que je ne t'ai vu, lui écrivait la jeune fille, hélas! pourquoi cette longue absence loin de celle que tu dis aimer uniquement? Pourquoi me laisser seule ainsi, avec mon amour, le sentiment de ma faute et une mortelle inquiétude dans l'âme? Julien, j'ai peur que tu ne m'aimes plus autant que tu m'aimais, car s'il en était autrement, tu serais chaque jour près de moi comme jadis. Hélas! pourrais-tu oublier que je suis ta femme devant Dieu, que je renferme dans mon sein le fruit désiré et chéri de nos amours, que dans peu je serai mère? Julien, que fais-tu loin de moi? Comment se fait-il que tu puisses demeurer aussi longtemps sans venir embrasser ta Berthe? Mon Dieu! je veux et je dois attribuer à des occupations sérieuses, à des causes indépendantes de ta volonté une pareille négligence; oui, mon cœur et mon esprit se refusent avec raison, d'admettre d'autres excuses, ou alors, je deviendrai folle de de douleur et je mourrai ! Conçois-tu mon inquiétude, mon Julien, huit jours sans te voir ! huit jours que je passe dans les angoisses d'une pénible attente, penchée à ma fenêtre en l'espoir de te voir venir au loin, à écouter le moindre bruit dans lequel je cherche à reconnaître celui de tes pas sur la montée, et, lorsque le désir, après avoir trompé mon attente, me fait ouvrir ma porte en l'espoir de te recevoir sur mon cœur et que je ne t'aperçois pas, juge combien doit être douloureuse ma déception. Ah! reviens vite calmer mon âme inquiète, reviens, ou dis-moi de mourir, mon Julien, si je ne devais plus te revoir.

— Comme elle m'aime, la pauvre enfant!... Ah! si elle savait!... Allons la voir, la rassurer de nouveau... Oui, allons mentir à son cœur... Mais cet enfant qui va naître!... Eh bien! je l'aimerai, car il est à moi, il est mon sang, mon bien!... Comme il sera joli s'il ressemble à sa mère, qu'il sera adorable et bon s'il a le cœur de ma Berthe!... Lively!... Oh! mais, je ne dois, je ne peux pas l'aimer, mon cœur ne m'appartenant plus... Non, je ne puis cesser d'aimer Berthe, je serais la cause de sa mort; ensuite n'est-elle pas la mère de mon enfant? De mon enfant que je ne puis abandonner, rendre orphelin, et mettre au ban de la société comme l'ont fait ceux qui m'ont donné l'existence... Cher petit! non, non, on ne te jetteras pas à la face l'injure de t'appeler bâtard, car tu auras un père, toi, un père qui t'aimeras, dont tu porteras le nom avec honneur!... Allons voir Berthe, allons la rassurer et parler ensemble de notre cher petit.

Ayant pris ce parti, Julien quitta l'hôtel pour courir chez Berthe qu'il trouva tout en larmes et même d'une grande paleur, Berthe qui en le voyant entrer dans sa chambrette, poussa un cri de surprise et de joie.

— Toi, enfin! fit-elle en sautant au cou de Julien.

— Oui, ma Berthe, moi que tu accuses d'indifférence lorsqu'une volonté plus forte que la mienne, m'a tenu éloigné de toi que j'aime et ne peux oublier, répondit Julien en pressant la jeune fille sur son cœur, en couvrant son beau visage de mille baisers.

— Mais au moins, il fallait m'écrire, Julien, et ne pas me laisser ainsi que tu viens de le faire, dans une mortelle inquiétude.

— Allons, ne me gronde pas, je le ferai à l'avenir si je me voyais forcément retenu loin de toi, mais espérons, cher ange, qu'il n'en sera pas ainsi et que je je n'aurais plus d'amis malade à soigner.

— Des amis malades ! fit Berthe avec surprise.

— Ah ! oui, tu ignores... apprends donc, chère petite, que le marquis de Fransac et le vicomte de Brémont, mes amis intimes, se sont battus en duel, que tous deux ont été grièvement blessés et comme je leur servais de témoin dans cette affaire, je les ai fait transporter vitement chez moi où ils sont depuis huit jours que je leur prodigue mes veilles et mes soins.

- Cela est très-bien de ta part, mon

Julien, mais il me semble que ta Berthe ne doit pas être moins cher à ton cœur que ces deux messieurs?

— Mille fois plus! s'écria Julien.

— Alors, pourquoi te consacrer entièrement à les soulager et d'un autre côté me laisser souffrir? Ne pouvais-tu, mon ami, les priver quelques instants de ta présence pour me les consacrer?

— Berthe, ils étaient en danger de mort, je n'ai osé m'en séparer... Mais parlons de notre cher petit, ajouta vivement Julien, afin d'échapper aux reproches de Berthe, à laquelle il lui coûtait de mentir.

— Tiens, mets ta main là... Le sens-tu comme il s'agite? Eh bien! c'est de contentement de savoir son père près de lui et sa mère heureuse de ton retour, dit Berthe souriante en maintenant la main de son amant dessous son sein.

— Le cher ange! quand donc nous sera-t-il permis de le voir et de l'embrasser?

— Dame, dans trois mois, sans doute, répondit Berthe.

— Tant de temps encore..... comme c'est long! soupira Julien.

— Julien, est-ce que le jour de sa naissance il me faudra rougir?... Julien, tu ne me parles pas aujourd'hui de notre mariage...

— Prends patience, ma Berthe, car je n'ai encore osé aborder ce sujet à mon digne gouverneur... Berthe, ne pressons rien, un peu plus tôt, un peu plus tard, que t'importe, pourvu que je sois fidèle à ma promesse?

— Il m'importe beaucoup, Julien, de pouvoir lever le front sans rougir, de pouvoir regarder en face les gens honnêtes sans craindre de rencontrer le mépris dans leurs yeux, il m'importe enfin, de donner un père à mon enfant. Julien, au nom du ciel! prends pitié de ma honte, toi qui me l'as imprimé, rends-moi l'honneur, le repos, l'estime du monde et le mien propre... Julien! je souffre! oh! je souffre! s'écria Berthe en se jetant dans les bras de son amant pour cacher dans son sein, son visage baigné de larmes.

— Attends, te dis-je, chère Berthe, espère, car demain je parlerai à mon vieil ami, je lui dirai que je t'aime, que je veux être ton époux, que l'amour et l'honneur m'en font un devoir, et comme il est le meilleur des hommes, comme il en est le plus juste, aucun doute qu'il ne nous prenne en pitié et ne nous marie.

— Mon Dieu ! mais j'y pense ; si ce

mariage n'allait pas dépendre de sa volonté seule, si quelqu'empêchement allait surgir? Ah! cette funeste et tardive réflexion me fait peur et trembler, s'écria Berthe en pâlissant.

— Enfant, pourquoi t'effrayer ainsi? ne suis-je pas orphelin, bientôt majeure et libre de mes volontés? Va, ne crains rien, chère Berthe, tu seras ma femme, car il ne pourrait y avoir d'autre volonté que la mienne qui s'y opposa et certes! je ne m'aviserai pas de me priver de la possession de ce qui m'est le plus cher au monde, ma Berthe et mon enfant.

Ces bonnes paroles méritèrent à Julien une foule de tendres caresses dont l'énivrement lui fit oublier tout ce qui n'était pas sa Berthe avec laquelle il dîna, passa la soirée et même, faut-il le dire? la nuit toute entière pour la seconde fois depuis qu'il la connaissait.

Le lendemain Julien rentra furtivement dans sa demeure avec l'espoir que son gouverneur ne se serait pas aperçu de sa longue absence et comme il allait se faufiler dans la chambre de ses amis, une main l'arrêta au passage.

— Ah! c'est vous, mon vieil ami, dit

le jeune homme embarrassé et même en rougissant quelque peu.

— Mon enfant, vous avez découché cette nuit, voilà la deuxième fois que cela vous arrive, aussi, suis-je très mécontent de vous... D'où venez-vous? où avez-vous passé la nuit?

Et comme à cette demande, le vieillard vit le front de Julien se rembrunir, il se hâta d'ajouter d'une voix douce :

— Cher enfant, ne vous fâchez pas si

ma tendresse facile à s'allarmer vous adresse un reproche, mais réfléchis, mon fils, que tu es un dépôt sacré confié à ma prudence, à mes soins, à mon amitié, que j'ai juré d'écarter de toi tout ce qui pourrait nuire à ton bonheur dont je suis responsable; que devenu vieux et infirme il ne m'est plus permis d'être ton guide dans ce monde où tu débutes et que chaque fois que tu prolonges tes absences, mon cœur a droit de s'en inquiéter.

— Mon excellent et vénérable ami, j'aurai mauvaise grâce de m'offenser de ce que votre tendresse daigne s'inquiéter de moi, mais permettez-moi de vous faire observer que je ne suis plus un enfant, qu'à mon âge on doit avoir assez d'expérience pour savoir se conduire et éviter le danger. Veuillez donc m'accorder plus de confiance et moins vous allarmer en ma faveur, vous à qui l'âge commande le repos et les douceurs d'une vie calme. Il pourra se présenter encore des cas qui me forceront à passer les nuits hors du logis, ce que j'éviterai autant qu'il me sera possible; mais il est fort difficile de se soustraire à l'appas du plaisir que vous présente une occasion favorable, de s'arracher à la compagnie de gais amis qui, au moment où l'on s'y attend le moins, nous entraînent dans un théâtre, au bal ou dans un joyeux souper où l'aurore vient vous surprendre à table, riant et chantant le verre à la main. Tout cela, mon vieil ami, sont les heureuses chances de la vie, les prérogatives de la fortune, et vous ne pouvez, vous, homme d'esprit et de progrès, prétendre me sévrer de ses joies mondaines, à moins de vouloir faire de moi un stupide idiot étranger aux us et coutumes du monde.

— Non, certes, cher enfant, mais afin de mieux me rassurer, tu ne me dépeins en ce moment, la vie que tu mènes, que du bon côté, et tu te gardes bien de me rappeler le pis de tout, par exemple que tu fais la cour aux belles demoiselles dont tu deviens amoureux comme un étourneau que tu es, sans savoir si jamais l'une d'elles pourra devenir ta femme, tu ne dis pas non plus que tu deviens très-susceptible sur le point d'honneur, et te bats pour un oui ou pour un non, comme un véritable spadassin. Deux cas fort graves, mon enfant, qui remplissent mon cœur de crainte, le premier parce qu'il peut compromettre le repos de ta vie entière le second te donner la mort.

— Mon ami, je veux vivre, c'est vous dire que j'éviterai autant que possible toutes rencontres fâcheuses ; quant à l'amour, au mariage, pourquoi donc ces grandes lois imposées par Dieu qui veut qu'on aime et se marie, me seraient-elles interdites? Suis-je donc d'une naissance tellement honteuse, qu'une femme puisse rougir de me donner son cœur, ou repousser mon alliance?... Tenez, mon vieil ami, puisque nous avons abordé cet important chapitre, permettez-moi de vous adresser de nouveau, cette fatale question qui semble tant vous chagriner et à laquelle vous refusez sans cesse de répondre... Supposons que j'aime mademoiselle de Beaulieu ou toute autre personne, n'importe! Or, certain de rencontrer le bonheur dans un mariage avec l'une d'elles et selon mon cœur, suis-je maître de le contracter et que dois-je répondre lorsque la famille de la femme que j'aurais choisie, pour devenir ma compagne, me demandera qui je suis?

— Mon cher enfant, je vous répondrai, cette fois comme je l'ai toujours fait lorsque vous m'avez adressé ces questions : Vous êtes un enfant qu'une femme étrangère est venu m'apporter un soir dans mon presbytère en me disant :

— Prenez pitié de cet enfant ; en le faisant élever auprès de vous, en lui tenant lieu de père, vous rendrez la vie à sa mère. Faites cela et Dieu vous tiendra compte de cette bonne œuvre. Alors, au saint nom du Dieu puissant qui me commandait par la voix de cette femme, je me suis incliné, j'ai obéi.

— Mais vous l'avez revu depuis, cette femme, elle a dû vous dire le nom de ma mère, celui des lieux qu'elle habite?

— Julien, cette femme, c'était votre mère, jeune et sainte fille victime de la séduction et de l'abandon, oui, votre mère qui, pour se soustraire à la malédiction de sa famille, était contrainte de se séparer de son enfant, votre mère enfin dont j'ai vu le désespoir, les larmes, qui m'a recommandé à genoux, de vous aimer, de veiller sur vous jusqu'au jour où il lui sera permis de venir se révéler et de vous bénir.

— Ah! dites-moi son nom, le pays

qu'elle habite afin qu'il me soit permis d'aller la contempler et de l'adorer en silence. Mon ami, ne me refusez pas ce bonheur, fit Julien les mains jointes et le regard suppliant.

— Mon enfant, je suis un prêtre, un ministre du ciel, le secret de votre mère m'a été confié au saint tribunal de la pénitence, c'est vous dire que, tant que votre mère ne l'aura autorisé, le confesseur ne trahira pas le secret du confessionnal.

— Je comprends, mon ami ; mais suis-je donc condamné à un éternel célibat? me faut-il renoncer au bonheur d'être époux et père? Enfin, suis-je maître d'offrir ma main à la femme que j'aime ou que j'aimerai, et quel nom puis-je lui offrir?

— Celui de Julien qui est le tien.

— Julien! toujours Julien!... En effet, je suis un enfant naturel, un bâtard! un paria!... Allons, allons, je mourrai garçon, à moins que quelque pauvre fille du peuple ne prenne en pitié mon isolement en consentant à s'appeler de son titre de femme, madame Julien tout court.

— Hélas! oui, pas autrement, reprit le bon prêtre en souriant.

— Mais il est affreux, de la part d'une mère, de refuser un nom à son enfant! s'écria Julien. Parlez, mon ami, comment s'appelle ma mère? dites-le moi sans crainte, car jamais autre que moi ne le saura; parlez, que je sache au moins qui je suis, à quel sang j'appartiens. Au nom du ciel, ne me refusez pas!

— Vous êtes fou, monsieur, en osant exiger d'un ministre de Dieu qu'il trahisse ses serments, les secrets qui lui ont été confiés au tribunal de la pénitence! Ah! périsse plutôt mon corps que de souiller mon âme d'un semblable sacrilége!... Quant à vous, Julien, le jour où vous aurez rencontré la femme de votre choix, celle à qui il vous plaira d'unir votre sort, dites-le moi, et après en avoir donné avis à votre mère, je vous transmettrai l'expression de sa volonté.

— Monsieur, dans trois mois j'aurai atteint ma majorité, alors je serai libre d'agir selon ma volonté sans avoir besoin de consulter celle des autres, répondit sèchement Julien.

— En effet! vous serez maître de votre personne, de vos actions, de braver vos bienfaiteurs, vos amis, de repousser leurs conseils, de subsister alors de vos propres ressources, de refuser l'or que vous prodigue votre mère, celle contre la volonté de laquelle vous prétendez vous révolter et dont il serait lâche d'accepter les bienfaits, après que vous aurez nié ses droits sur votre personne, votre cœur... La majorité! oh! la belle chose ma foi, pour les âmes ingrates! date fortunée, qui permet aux hypocrites, aux mauvais enfants, de lever le masque, de se révolter contre ceux qui ont comblé leur jeunesse de soins et de caresses! Oui, c'est dans trois mois, mon fils, réjouissez vous! car alors vous serez débarrassé du vieux Renaud, de ce tuteur grondeur, importun, lequel ayant perdu tous ses droits sur vous, grâce à votre heureuse majorité, sera libre aussi de retourner dans son village de revoir ses bons paroissiens, qui ne l'auront sans doute pas oublié et l'aideront à finir ses jours en paix, termina le vieillard d'une voix émue en faisant un pas pour s'éloigner, et que Julien retint vivement en s'emparant de sa main.

— Mon père, vous êtes bien sévère avec moi aujourd'hui.

— Et vous Julien, trop exigeant et surtout orgueilleux.

— Pardonnez-moi, mon vieil ami, un mouvement d'impatience, et ne voyez en moi qu'un fils qui vous aime et s'estimera toujours heureux de recevoir et de suivre vos conseils, de vous avoir sans cesse auprès de lui, comme un sage génie toujours prêt à lui montrer le bon chemin et de le garantir contre le mal... Moi, cesser de vous obéir, me révolter contre vos excellents préceptes ; moi, vous éloigner, vous perdre, renoncer au plaisir si doux de venir épancher mes secrets, mes chagrins dans votre sein, de recevoir vos consolations, ah! jamais! jamais! fit Julien en portant à ses lèvres la main du vieillard, qui s'empressa de le prendre dans ses bras et de l'embrasser.

— A la bonne heure, cher enfant, je

t'aime mieux comme cela, au moins je reconnais mon cher élève... Julien, ne te tourmentes donc pas ainsi; vis heureux, aie confiance en ceux qui t'aiment et ne veulent que ton bonheur. Quant à ta bonne mère, aimes-là, aimes-là beaucoup, elle qui souffre de ne pouvoir te prodiguer ses plus tendres caresses et qui, quoique éloignée, ne cesse de veiller sur toi avec amour et sollicitude... Maintenant, entrons voir nos chers malades, qui, dit-on, ont passé une assez bonne nuit.

Lorsqu'ils pénétrèrent dans la chambre, le vieux Renaud ainsi que Julien furent extrêmement surpris d'apercevoir le comte d'Auberville assis et en train de converser amicalement avec de Fransac et de Brémont.

— Comment, monsieur le comte, vous êtes assez bon pour venir visiter nos pauvres malades? fit Renaud.

— Oui, mon respectable ami ; madame la comtesse m'ayant fait part de la bonne action de Julien, qui n'a pas voulu abandonner ses amis blessés et souffrants, j'ai voulu venir m'assurer par moi-même que rien ne manquait aux soins que vous leur prodiguez, et en même temps, ainsi que mon âge m'y autorise, faire un peu de morale à ces jeunes têtes, qui sont assez imprudentes et sans cesse disposées à jouer leur vie pour une bagatelle... Julien, que ceci soit aussi dit pour vous, mon fils, qui, sans doute, ne vous feriez pas non plus tirer l'oreille pour dégaîner.

— Certes, monsieur le comte, s'il s'agissait de défendre mon honneur insulté ou celui de mes amis, répondit vivement le jeune homme.

— Je sais qu'il est des cas où un homme de cœur ne peut reculer devant un duel, et j'aime à croire, messieurs, qu'il en a été ainsi de votre part, dit le comte en s'adressant aux deux malades.

— Certainement! fit vivement Julien.

— Et moi, j'avouerai à ma honte que les torts étaient de mon côté, dit de Fransac.

— J'en conviens de même à mon égard, fit de Brémont.

— Alors, vous êtes donc des querelleurs?

— Pas autre chose, monsieur le comte, répliqua de Brémont.

— Mais des querelleurs repentants, qui ne demandent pas mieux que de faire amende honorable envers celui qu'ils ont offensé injustement, dit de Fransac.

— N'aviez-vous donc qu'un seul et même adversaire pour vous deux?

— Un seul, répliqua de Fransac, en fixant maladroitement Julien, ce que remarqua le comte.

— Et il vous a blessé l'un et l'autre?

— Fort lestement! oh! le gaillard sait manier l'épée, aussi malheur à celui qui se place en face de sa pointe, fit de Brémont.

— Il faut espérer que, après avoir eu la douleur de blesser deux hommes coup sur coup, votre adversaire, mes amis, ne sera plus tenté de recommencer, et réfléchira que c'est aller contre la volonté de Dieu que de jouer dans un duel sa vie et celle de son prochain, fit le vieux curé.

— Tu entends Julien ? dit le comte.

— Oui, monsieur le comte, et même je me souviendrai, répliqua le jeune homme en rougissant.

CHAPITRE QUATRIÈME.

IV

Un enlèvement.

Quatre mois après les derniers événements racontés jusqu'alors, le marquis de Fransac, le front soucieux, l'air pensif, cheminait la tête baissée vers la rue des Saints-Pères, où demeurait son oncle le baron de Grosbois, père de la dévote Lucrèce.

— Hélas! être réduit par l'affreuse nécessité à implorer le malheur de devenir l'époux d'une fille affreusement laide! se disait notre marquis en soupirant; ah! pourquoi faut il que l'amitié, la reconnaissance et la misère, me forcent de renoncer à la plus belle des filles!... Allons, du courage, pauvre de Fransac! pourquoi as-tu dévoré ton patrimoine comme un maladroit, un dissipateur que tu es? Pourquoi t'es-tu avisé de devenir amoureux de cette Lively, qui en aime un autre que toi? Pourquoi as-tu juré à ton ami Julien de ne plus penser à elle, de cesser de la voir et de l'oublier?... Oui, je tiendrai ma promesse, dussé-je en crever de dépit... D'ailleurs, quoi m'assure que j'aurais réussi à me faire aimer de mademoiselle de Beaulieu? quoi m'assure encore que son père aurait consenti à la donner à un obscur et misérable gentilhomme de mon espèce? Or, à quoi bon me désespérer, végéter, soupirer à devenir ennuyeux et stupide, moi qu'on assure être un garçon d'esprit et des plus jovial? Allons donc! arrière le chagrin, et, les yeux fermés, accep-

tons les millions de ma cousine Lucrèce...
faute de mieux.

Alors de Fransac ayant pris cette sage résolution, secoua sa tête comme pour envoyer au vent le reste de tristesse dont son front pouvait être encore chargé, puis animant son regard, entrouvrant ses lèvres, il se mit à fredonner ces mots :

J'épouse Margot ;
Son humeur volage
Est presque le gage
D'un mauvais lot :
Mais contre l'orage,
On met en usage
Les moyens qu'il faut ;
Une femme est sage,
Quand l'homme, en un mot,
N'est pas un sot.

Le marquis, en chantant ainsi, atteignit l'hôtel de son oncle, où il apprit du suisse que le baron était absent, et sa cousine à l'église de l'Abbaye-des-Prés. De Fransac, sans plus tarder, s'empressa de se rendre à l'église, où, grâce au petit nombre de fidèles qui la hantait à cette heure, il lui fut facile de trouver celle qu'il cherchait, laquelle, réfugiée dans une chapelle des bas côtés, s'entretenait à voix basse avec deux dévotes de sa connaissance.

— Lucrèce reconnut aussitôt son perfide cousin, et le rouge lui monta au visage; était-ce de plaisir ou d'indignation, nous ne pouvons l'assurer. Quant au marquis, feignant de ne pas l'avoir aperçue, il fut hypocritement s'agenouiller non loin de là, mais de façon à être vu de sa cousine, et se mit à prier, à réciter un *Confiteor*, puis à se frapper la poitrine, ainsi que l'eut fait le pécheur le plus repentant du monde.

Lucrèce, qui ne le perdait pas de vue, ne pouvait revenir de la surprise que lui causait une dévotion dont elle était loin de se douter, chez un mauvais sujet tel qu'elle se plaisait de qualifier son cousin.

Donc, après avoir longtemps prié, de Fransac se releva, se signa et se remit en marche pour faire le tour de l'église, en s'arrêtant à chaque chapelle, afin d'y faire une prière, et cela, suivi de loin par sa sèche cousine, qui l'observait d'un regard curieux.

De chapelle en chapelle, le marquis gagna la porte du temple, qu'il quitta pour diriger ses pas au hasard et tout en louchant de façon à ne pas perdre de vue la grande fille qui s'attachait à ses pas et qu'il conduisit ainsi jusqu'au jardin du Luxembourg, où, se promenant dans une avenue déserte, il se retourna brusquement et de manière à faire face à Lucrèce, qui se trouvait à dix pas de lui.

Las! qu'elle heureuse rencontre, au au moment où je m'y attendais le moins! Comment va cette chère et précieuse santé, ma bonne petite cousine? s'empressa de dire de Fransac le plus gracieusement possible.

— Que vous importe ma santé, monsieur? répliqua sèchement la vieille fille en faisant une laide grimace.

– Mais elle m'importe beaucoup, ma cousine, aimant à savoir les gens que j'aime en bon état.

— Ah! je suis donc de ces gens-là? je ne m'en doutais guère.

— Pourquoi donc, ma chère Lucrèce ? est-ce que le devoir d'un bon chrétien n'est pas d'aimer son prochain et par-dessus tout ses parents?

— Vous êtes donc chrétien, marquis?

— En douter serait me faire injure.

— Je croyais que les libertins, les infidèles, étaient gens sans principes ni religion? fit Lucrèce d'une voix aigre.

— Eh bien, vous êtes dans l'erreur sur mon compte, ma chère cousine, car je ne suis ni un libertin ni un infidèle.

— Voilà qui est fort! Infidèle, ne l'avez-vous pas été envers moi de la manière la plus infâme? Ensuite, ne vous ai-je pas surpris en tête-à-tête avec une fille de débauche, qui a osé m'insulter en votre présence, sans que vous vous soyez seulement donné la peine de lui imposer silence?

— Ma cousine, cette fille, qui s'était permise d'entrer et de s'attabler de force chez moi, en a été chassée aussitôt après votre départ, avec ordre de ne jamais y remettre les pieds. Mais il y a de ça cinq à six mois; pourquoi, après un aussi long laps de temps, venir me rappeler des torts, des erreurs que je me suis efforcé d'effacer de mon cœur et de ma mémoire par un sincère repentir, et en revenant à Dieu que je prie chaque jour, afin qu'il me pardonne mes fautes... Lucrèce, serez-vous moins charitable que le ciel, qui, touché de mon sincère repentir, a chassé le démon de mon cœur pour y faire succéder la paix et l'amour du bien ? Oui, Lucrèce, oui mon adorable cousine, je suis converti, et si je n'ai été vous apprendre cette heureuse nouvelle, c'est que, irritée contre moi, vous m'eussiez repoussé comme un imposteur.

— Il est possible que, sortant de votre bouche, je n'y eusse point ajouté foi, mais j'ai vu, monsieur, j'ai vu et je ne puis douter.

— Vous avez vu ?.. quoi ? fit le marquis en jouant la surprise.

— Votre humilité à l'église.

— Quand? hier, avant hier... car chaque jour je me fais un devoir d'aller m'agenouiller dans la maison de Dieu... A propos, cousine, j'ai rêvé de vous cette nuit... oh! un rêve charmant!.. voulez-vous que je vous le raconte?...

— Soit! répondit Lucrèce curieusement.

—Alors, acceptez mon bras pour mieux entendre.

— La vieille fille, après un instant d'hésitation, passa sous celui du marquis son membre long et maigre.

— Figurez-vous, mon adorée cousine, que nous étions agenouillés devant l'autel, où un saint prêtre bénissait notre heureuse union, lorsqu'une voix céleste se fit tout-à-coup entendre, elle descendait de la voûte du temple et s'adressait à vous. Sainte et bonne Lucrèce, disait-elle, tu as pardonné au coupable repentant, et par cette action mérité le bonheur des élus. Viens donc avec moi habiter le ciel, où ta place est marquée... Ne regrette pas le jeune époux que tu laisse sur la terre, où Dieu veut qu'il fasse pénitence une année entière avant de l'appeler à lui et de le réunir à son épouse adorée. Cela dit, la voix se tut, la voûte de l'église s'entrouvrit pour nous montrer le ciel, où des légions d'anges vous appelaient en souriant. Alors, vous déposates un baiser sur mon front, un auréole de gloire ceignit tout-à-coup votre tête, et vous vous envolâtes en me laissant un doux sourire pour adieu.

— Ah! le saint et bienheureux songe! s'écria Lucrèce en extase.

— Oui, bienheureux pour vous, qui vous envoliez vers le ciel votre patrie; mais moi, je restais seul et triste sur la terre! reprit de Fransac d'un air contrit et désolé.

— Afin d'y faire pénitence de vos nombreux péchés, monsieur.

— Ah! ma cousine, que n'ai-je pour m'aider à les expier un ange tel que vous pour compagne! Mais ne parlons plus d'un bonheur que j'ai détruit par ma faute et auquel je n'ai plus le droit de prétendre... Et pourtant, oh! ma Lucrèce, s'il vous était permis de lire dans mon cœur, d'apprécier toute la sincérité de son repentir... Non, impossible hélas! et je reste à vos yeux le plus indigne des hommes.. Malheur! malheur!! termina de Fransac de l'accent d'une profonde douleur, dont l'aspect syncopa la vieille fille, de qui les petits yeux brillaient d'espérance et de joie.

— Eh bien! je serai bonne encore,

mon cousin, car je crois à votre repentir... venez près de moi, je vous le permets, venez m'offrir vos hommages et occuper ensemble nos entrevues par de pieuses conversations, et si, dans un an, vous n'avez cessé d'être ce que je vous crois aujourd'hui, c'est-à-dire un aimable converti, alors, entièrement rassurée, confiante en vous, je vous donnerai le droit de m'appeler votre femme chérie? dit la vieille fille en minaudant.

— Un an, dites-vous? ah! cruelle amie osez-vous bien m'infliger ainsi un siècle de torture, de désirs dévorants! Lucrèce!

tu ne m'aimes pas! tu ne m'as même jamais aimé. Hélas! je ne le vois que trop à la cruelle épreuve que tu imposes à mon amour... Lucrèce! c'est à l'instant que je veux être ton époux, si mieux tu ne préfères ma mort.

— Ah! si j'étais bien sûre! fit Lucrèce.

— Sûre de quoi? que je me repens, que je t'aime, qu'il me faut ta vie pour ma vie! Ose en douter, et alors, n'écoutant plus que le feu qui me dévore, je deviens criminel, je t'arrache à ton père, je t'enlève, je te conduis au bout du monde, à Ménilmontant où je possède une chaumière, où tu deviendras ma maîtresse, ma victime, si tu refuses plus longtemps d'être ma légitime.

— Malheureux! m'enlever, me déshonorer, dis-tu? attenter à ma pudeur! ô crime! ô sacrilége! moi fille pure, innocente! ah! ta tête s'égare! de Fransac! au nom du ciel, reviens à la raison et garde-toi d'abuser de la faiblesse d'une pauvre fille qui t'aime.

— Je suis sans pitié, je t'entraîne à

l'instant même si tu ne me promets, si tu ne me jures devant Dieu qui t'entendra, que tu seras ma femme sous quinze jours au plus tard... Jure, ô ma Lucrèce! ainsi disait le marquis exaspéré en pressant avec force le bras de sa cousine qui, émue, tremblante, prononça le serment exigé pour ensuite inviter son tendre amant à vouloir l'accompagner jusque chez elle afin de faire de même la paix avec son père.

Ce fut donc en se tenant bras dessus bras dessous que nos amants quittèrent le jardin pour se diriger vers la rue des

Saints-Pères et l'hôtel du baron de Grosbois, lequel, en voyant revenir sa fille en compagnie du marquis, manqua de tomber à la renverse.

— Oui, mon père, il se repent, il s'est converti, il m'aime, j'en ai l'assurance, et il devient mon époux, je le lui ai juré, dit la vieille fille avec empressement, tandis que de Fransac, continuant son rôle, se tenait silencieux et le regard baissé devant son oncle.

— Et tu es assez faible, chère enfant, pour ajouter foi au repentir de ce vaurien, qui te trompe comme cela lui est déjà arrivé plusieurs fois?

— Mon père, pardonnez-lui, comme je lui pardonne. Oui, cher père, il se repent et j'ai confiance! Il brûle du désir d'être mon époux et je cède à ses vœux!

— Ça, voyons, est-ce bien vrai, cette fois? Ne te railles-tu pas encore de nous? Car enfin, il ne faut pas se moquer des gens comme tu le fais... Sois franc, mon garçon, apprends-nous par quelle lubie tu reviens à nous, après nous avoir délaissé un siècle ; pourquoi aujourd'hui, tu veux être le mari de ma fille quand tu l'as plantée là très-impoliment après m'avoir deux fois demandé sa main ?

— Mon cher et digne oncle, je reviens à vous, parce que je rougis de mes erreurs coupables, que le temps des folies est passé, que Dieu m'ordonne d'être sage et de faire pénitence.

— Je comprends alors pourquoi tu veux épouser Lucrèce, afin de faire un petit ménage de saints... Eh bien ! arrangez-vous ensemble et si vous vous trompez l'un ou l'autre, ne vous en prenez qu'à vous, quant à moi, je m'en lave les mains.

— Mon oncle, Lucrèce sera heureuse et libre, je vous le promets, fit de Fransac.

Quatorze jours se sont écoulés, durant lesquels notre jeune marquis n'en a pas laissé passer un seul sans avoir été faire sa cour à Lucrèce, dont la nécessité et les criailleries perpétuelles des nombreux créanciers qui menacent sa liberté, l'ont tout à fait décidé à devenir l'époux. Ça n'a pas été sans effroi que de Fransac a vu s'approcher heure par heure le moment fatal, puis apparaître ce quinzième jour si redouté par lui, mais attendu de Lucrèce avec la plus vive impatience, tant la pauvre et laide fille avait peur que son volage prétendu ne lui échappa pour la troisième fois.

C'était donc dans la soirée et en attendant l'heure de se rendre chez Lucrèce, qu'il devait épouser à minuit, que de Fransac, plus mort que vif, se tenait découragé et immobile, dans un fauteuil de sa chambre à coucher, fixant d'un œil lugubre ses habits de noce étalés devant lui, sans se sentir le courage ni la force de s'en revêtir. Le marquis serait sans doute demeuré jusqu'au soir, dans cet état de prostration, sans l'arrivée de Julien et du vicomte de Brémont qui tous deux, en qualité de témoins de son mariage, venaient le chercher pour l'accompagner à l'autel et qui, le voyant dans cet état d'affaissement, se mirent à lui rire au nez.

— Malpeste, messieurs, je vous conseille de vous réjouir à mes dépens. Je voudrais voir si vous feriez meilleure figure si vous étiez à ma place, condamné sous peine de famine et de prison pour dettes, à unir votre sort à un squelette ambulant, à la plus disgracieuse femelle qui existe dans les royaumes de France et de Navarre, fit de Fransac avec humeur.

— Allons! du courage, et puisque la fortune te tends les bras avec amour, livre-toi à ses tendres caresses, dit de Brémont.

— Corbleu! si tu ne te sentais pas

la résolution nécessaire pour achever ton œuvre, il ne fallait pas l'entreprendre, dit Julien.

— Qu'est-ce qu'une femme vieille et laide, un meuble passé de mode que l'on met au rancart? Or, quoi l'empêchera de reléguer madame Lucrèce de Fransac parmi les gothiques tapisseries de l'un des vieux donjons qu'elle t'apporte en dot, proposa de Brémont.

Allons, trêve de plaisanterie et d'indécision; hâte-toi de te faire beau, songe que la future t'attend dans son hôtel, parée du bouquet virginal.

— Lequel bouquet, heureux coquin, que tu auras le doux bonheur de détacher toi-même dans l'ombre de la nuit et du mystère.

— Que le diable te crèves, maudit railleur, répliqua de Fransac à de Brémont, en se démomifiant pour parcourir la chambre à grands pas. Eh bien ! s'écria-t-il subitement, puisque tu m'y contraints, sort barbare, j'épouse ma Lucrèce, ses charmes, ses millions, mais en revanche, à moi la vie large et heureuse, à moi ses joies, ses femmes belles et amoureuses, les festins, les vins exquis, à moi le monde !

Cela dit, aidé de ses deux amis, puisque depuis quelques mois le manque d'argent l'avait contraint de congédier son unique valet, de Fransac fut habillé magnifiquement.

— En route, mes bons, et si vous me voyez faiblir au moment du danger, lardez-moi sans pitié, avec la pointe de vos épées, s'écria le marquis le plus gaîment du monde pour ensuite entraîner ses amis et aller avec eux se jeter dans un magnifique carrosse envoyé par la future, lequel, depuis plus de deux heures, attendait à la porte.

— De Brémont, décide-toi vîte : je te vends Lucrèce et sa fortune cent mille livres comptant... La veux-tu ? disait de Fransac au moment où leur carrosse traversait le Pont-Neuf.

— Si l'amour de cet ange m'était échu,

je n'hésiterai pas, répondit le vicomte en riant.

La rue des Saints-Pères, puis l'hôtel de Grosbois, où entra bruyamment le carrosse et dans le salon duquel se présentèrent les trois amis pour saluer la mariée, le baron et les quelques amis invités à la cérémonie.

Lucrèce est rayonnante de joie et de bonheur, parée de la blanche toilette, de soie, de dentelles, de diamants, encore plus laide que de coutume sous ces riches atours, elle vient au-devant de son futur et lui présente une main décharnée, que de Fransac, prenant son courage à deux mains, porte à ses lèvres.

L'heure de se rendre à l'église ayant sonnée, les mariés, ainsi que leur société allaient quitter le salon pour monter en voiture, lorsqu'un valet entra pour prévenir de Fransac qu'un homme désirait l'entretenir d'une affaire importante, l'espace de deux minutes.

De Fransac, qui ne demandait pas

mieux que de gagner du temps, en dépit de sa résolution, demanda la permission de s'absenter un instant et suivit le valet jusque dans la cour de l'hôtel où un homme vêtu de noir, aux manières distinguées, le pria de vouloir bien venir parler à son maître qui l'attendait dans son carrosse à deux pas de l'hôtel.

— Quel est votre maître? demanda de Fransac.

— Un seigneur de vos amis, monsieur le marquis.

De Fransac, se rend à l'invitation et accompagné du messager, quitte l'hôtel, mais il n'a pas plutôt posé le pied dans la rue, qu'il se voit entouré de plusieurs hommes qui le saisissent et le jettent dans une voiture de poste où ceux qui le reçoivent lui posent un mouchoir sur la bouche pour l'empêcher de crier, tandis qu'un autre lui place le canon d'un pistolet sur le cœur en lui disant que s'il fait un geste pour leur échapper, ou pousse le moindre cri, il a ordre de le tuer sans rémission.

De Fransac, étourdi de l'aventure, et

tandis qu'il examine les trois robustes gaillards assis à ses côtés dans la voiture, se sent emporter au galop de quatre vigoureux chevaux de poste.

La voiture a quitté la ville pour rouler dans la campagne à cette heure noire et silencieuse.

— Sambleu! que vont dire mon oncle et ma cousine de cette disparition? que c'est encore un tour de ma façon, que je suis un misérable sans foi ni loi, un chenapan à rouer et à pendre, et pourtant, je suis le plus innocent des hommes... Mais où diable me conduit-on ainsi? serais-je devenu, sans m'en douter, un homme hostile au roi? Serais-je un prisonnier d'état, un être dangereux dont on veut se débarrasser?

Ainsi pensait de Fransac en s'efforçant d'élargir ses liens, de desserrer le bandeau qui pressait ses lèvres, afin de pouvoir respirer un peu à son aise, lorsqu'une main complaisante enleva ledit bandeau en lui adressant ces paroles :

— Monsieur le marquis, vous êtes

notre prisonnier; rien ne pourrait vous arracher de nos mains. Cependant nous ne demandons pas mieux que de vous rendre la route que nous avons à franchir aussi agréable que possible ; en conséquence, si vous nous donnez votre foi de gentilhomme, de ne faire aucune espèce de tentative pour vous échapper de nos mains, nous consentirons à vous laisser toute la liberté compatible avec la responsabilité qui pèse sur nous.

— Ah ça! mais décidément, je suis un prisonnier d'état, il n'y a point à en douter, pensa de Fransac. Quoi diable ai-je donc fait pour mériter cette captivité? Est-ce que par hasard j'aurais conspiré sans m'en douter?

Après avoir fait ces réflexions éminemment logiques, notre marquis éleva la voix pour dire qu'il était disposé à promettre tout ce que l'on voudrait, et aussitôt après, il lui était loisible de contempler et de pouvoir remuer tout à son aise, quoique surveillé de près par les trois sacripants avec lesquels il se trouvait enfermé dans la berline et dont les mines rébarbatives annonçaient qu'ils ne devaient pas plus se soucier de la vie d'un homme que de l'an quarante.

— Ah ça! mes chers messieurs, puisque nous nous entendons, je pense que vous ne refuserez pas de m'expliquer la raison du singulier traitement que je subis le jour même de mes noces?

— Il nous est défendu de vous rien dire, monsieur le marquis.

— Comment, je ne puis savoir de quoi

l'on m'accuse et ce que l'on veut faire de moi? Mais cela est affreux!

— Vous saurez tout quand il en sera temps. Prenez donc patience, monsieur.

— Vous ne refuserez sans doute pas de me dire si vous me conduisez bien loin. Car enfin ma future m'attend… Que va-t-elle penser de ma singulière disparition, elle qui m'adore?

— Nous savons de bonne part, monsieur le marquis, que c'est vous obliger que de retarder votre mariage avec mademoiselle Lucrèce de Grosbois.

— Ah ! vous savez ça !... Corbleu ! qui donc vous a si bien instruit de ma pensée ?... Au surplus, je veux savoir absolument où vous me conduisez. Si vous agissez par ordre supérieur provenant de l'autorité, vous devez avoir un mandat écrit ; montrez-le-moi, je l'exige.

— Nous sommes désespérés de vous refuser, monsieur le marquis ; mais vous ne verrez rien, vous ne saurez rien, et, si vous essayez de vous révolter, contrairement à la parole que vous nous avez donnée, nous nous verrons contraints de vous remettre dans l'état où vous étiez il y a quelques instants, et nous allons procéder à cette opération.

Tout en disant, un des trois hommes tira de sa poche une paire de pistolets, et le marquis vit aussitôt briller la lame d'un poignard dans les mains des deux autres.

— Allons! il n'y a pas à badiner à ce

qu'il paraît! Décidément, pour qu'on emploie des arguments de cette force à mon égard, il faut que je sois un bien grand coupable; de quoi ? je serais fort embarrassé de le dire.

Et notre marquis, perdant tout espoir de s'instruire sur sa position, s'adossa dans le fond de la berline et ferma les yeux.

La voiture continua de rouler l'espace de deux heures encore, puis elle s'arrêta pour changer de chevaux. Le marquis en profita pour mettre la tête à la portière ; mais tout avait été prévu, les relais étaient préparés sur la route, loin de toute habitation. De Fransac dut renoncer à l'espoir de se faire entendre et d'obtenir aide et protection de quelque autorité du village.

Toute la nuit se passa ainsi, et la berline ne cessa de rouler avec la même rapidité.

Vint le petit jour, et notre marquis aperçut les premières maisons d'un village, vers lequel la voiture se dirigeait, et où elle s'arrêta bientôt devant la ferme où se trouvait située la poste aux chevaux.

— Monsieur le marquis, vous vous souvenez de la parole que vous nous avez donnée, et uous vous croyons trop homme d'honneur pour y manquer, fit un des hommes en armant un pistolet.

— Comptez là-dessus, mes gaillards, dit de Fransac en sortant vivement la moitié de son corps par une portière pour se mettre à crier :

— A moi, mes amis! secourez-moi... que l'on aille me chercher le bailli, la maréchaussée; arrêtez ces misérables qui m'enlèvent pour me voler, m'assassiner !...

De Fransac en était là, lorsque les gardiens, après l'avoir fait rentrer de force dans la berline, s'empressèrent d'étouffer ses cris à l'aide d'un énorme bâillon qu'ils lui placèrent dans la bouche et de contenir ses mouvements en lui liant les bras et les jambes.

— Messieurs et dames, fit ensuite un

des hommes en s'adressant aux paysans qu'avaient attiré les cris du marquis, ne faites pas attention : cet homme est un fou de la plus dangereuse espèce, que nous conduisons, par ordre supérieur, dans un hôpital d'aliénés. Croyez-moi, rentrez chez vous, ne vous exposez pas à ce que ce furieux vous déchire de ses dents, et laissez-nous achever notre triste et pénible mission.

— Les misérables ! se disait de Fransac, me faire passer pour un fou ! Décidément, ce sont des scélérats de première force qui me conduisent sans doute, dans leur caverne pour m'y égorger.

Le bruit de l'incident s'étant répandu dans le village et venu aux oreilles du bailli, celui-ci s'était hâté d'endosser sa robe de magistrat, d'ajuster sa perruque et d'accourir en poste, accompagné du garde champêtre, juste à l'instant où les chevaux allaient emporter la berline. Le bailli s'empressa de les arrêter et de se présenter à la portière de la voiture pour sommer les personnes qui l'occupaient de lui remettre leurs papiers.

— Monsieur le magistrat, voici en fait de papiers le certificat que nous ont délivré deux célèbres médecins de Paris, lequel constate, que le sieur Fransac, ci-présent, est un fou furieux que, par sûreté publique, nous allons enfermer dans un hôpital, où il est très-probable que le malheureux ne tardera guère à mourir.

Tandis que cela se passait, la fureur du marquis étant arrivée à son apogée, qu'il s'en fallait de bien peu de chose qu'il ne justifiât la qualité de fou furieux qu'on lui donnait en ce moment.

Le bailli, après avoir placé ses lunettes

sur son nez et lu lentement le certificat en question, permit enfin à nos gens de partir, ce qu'il ne se firent pas répéter deux fois. Les chevaux emportèrent donc la berline comme s'ils eussent le mors aux dents.

Une réaction salutaire ne tarda pas à s'opérer dans le moral du malheureux de Fransac chez qui l'abattement succéda à la fureur; il s'endormit pour ne s'éveiller qu'au moment où le jour allait finir.

De Fransac alors, sentit avec joie que son bâillon lui avait été ôté.

— Mille dieux ! que signifie tout cela ! Comment, ces gueux-là ont des certificats qui constatent que je suis fou ? Patience ! depuis que nous roulons et à moins que leur intention ne soit de me conduire au bout du monde, je pense que nous touchons au dénouement de l'aventure... attendons avec patience.

Enfin la voiture quitta brusquement la grande route, pour se jeter dans une avenue d'arbres à l'extrémité de laquelle on apercevait un fort joli château.

— Il paraît, messieurs, que nous approchons du lieu de ma destination? dit de Fransac en riant.

— A la bonne heure donc, monsieur le marquis ; c'est sur ce ton qu'il fallait prendre la chose... Ah ça, voyons, est-ce que nous avons l'air de gens capables d'avaler un régiment de gardes françaises sans l'éplucher ?

— Bien, excusez-vous tant qu'il vous plaira, cela n'empêchera pas que je ne vous prenne pour d'affreux scélérats !

— En effet, avec nos pistolets, n'est-ce pas ? Eh bien ! voyez, ni poudre, ni plomb, ni amorce... ils sont vides comme des tuyaux d'orgues.

Celui qui parlait ainsi présentait au marquis ses pistolets, en l'engageant à souffler dedans pour s'assurer qu'ils n'étaient pas chargés.

— N'importe, messieurs, vous vous êtes joué de moi, et j'aurai ma revanche, répliqua de Fransac piqué au vif.

— Votre revanche ne sera autre que des remerciements quand vous saurez la vérité, monsieur le marquis.

— Vous remercier, corbleu ! de ce que vous êtes venu m'arracher aux douceurs conjugales, de ce que vous venez de me ruiner en brisant sans doute pour toujours un mariage qui allait me rendre plus riche qu'un Crésus ! Comptez dessus, mes drôles !

La grille du château s'était ouverte pour laisser passer la berline qui fut s'arrêter au pied d'un élégant perron.

De Fransac sauta lestement en bas de la voiture sans se faire prier le moins du monde, et, cette fois, il n'essaya pas d'échapper à ses gardiens, car il était plus impatient de connaître le mot de l'énigme que de recouver sa liberté qui, d'ailleurs, ne semblait plus compromise.

Le marquis entra donc dans le château ; mais, à peine eut-il franchi la première pièce, qu'une jeune et jolie femme vint se jeter dans ses bras.

— Comment Isabelle, c'est toi qui m'a m'a fait enlever? dit de Fransac au comble de la surprise en reconnaissant la danseuse.

— Oui, mon cher bien-aimé, c'est moi, afin de t'empêcher d'épouser ton horrible cousine, un monstre que tu détestes, que tu prenais pour ses écus, et avec laquelle tu aurais été le plus malheureux des hommes. C'est moi qui ai hérité de la parente dont je t'ai parlée, moi qui suis riche, très-riche aujourd'hui et veux être ta petite femme ; car, vois tu, de Fransac, vivre sans te voir, sans t'embrasser, pour moi, c'est pis que la mort!

— Mademoiselle, votre conduite est impardonnable ! On n'enlève point ainsi un homme qui va se marier et vous vous êtes mise dans un fort mauvais cas... Savez-vous bien que ce que vous avez fait là est un crime, un rapt que les lois punissent très-sévèrement.

— Eh bien ! qu'elles me tuent tes

lois... Est-ce que c'est de ma faute à moi si je t'adore, mauvais sujet, homme infidèle et sans cœur?... Oh! mon ami, pardonne-moi ma faute qui est celle de l'amour, disait Isabelle pendue au cou du marquis dont elle couvrait le visage de baisers.

— Certes, que je te pardonne, maudite fille... Et pourtant, tu me fais tort d'une fortune immense.

— La mienne, que je te donne toute entière, te dédommagera, répondit Isabelle.

— La délicatesse m'ordonne de la refuser. Ensuite, petite malheureuse ! as-tu le pouvoir de révoquer la malédiction que mon oncle et sa sainte fille appellent en ce moment sur ma tête ?

— Que t'importe le courroux de ces deux grotesques? Tiens, de Fransac, j'ai maintenant soixante mille livres de rente, et, si tu veux être mon mari, nous vivrons heureux comme des rois.

— Ah ! je comprends, actuellement que mademoiselle a de la fortune, elle désire avoir un titre ?

— Je me fiches pas mal de ton titre!... Ce que je veux, c'est toi, mon amour, toi que j'aime ; et, certes, qui suis préférable à ton horreur et plate cousine.

— Sans te contredire ; mais, chère petite, que dirait le monde en voyant un marquis épouser une danseuse de l'Opéra ?

— Qu'une danseuse, qui ne s'est jamais affichée et qui a des écus, vaut bien un marquis mauvais sujet et ruiné.

— Eh! mais, ce que tu dis là est très-judicieux... Je suis un assez mauvais garnement et tu es une fille adorable... Mais, non, décidément, je ne t'épouserai pas, parce que le monde, et toi la première, vous penseriez que l'intérêt seul m'a guidé.

— Que tu es bête quand tu t'y mets, mon petit de Fransac, avec ta susceptibilité... Va, crois-moi, laisse jaser tout le monde. Quant à moi, je dirai à qui voudra l'entendre que t'ayant enlevé, parce que je t'aime, je t'ai forcé le poignard sur la gorge à m'épouser... Es-tu content?...

— Je ne sais trop, fit le marquis.

— Ah! tu hésites, méchant... Eh bien! abandonne-moi, pars si telle est ta volonté, je ne te retiens pas ; mais je te suivrai de près, et si tu t'avises d'épouser une autre femme que moi, j'irai me tuer à tes pieds... oui, je me tuerai ! Ne crois pas que ce soit une vaine menace ; car, vivre sans toi est pour mon cœur une souffrance horrible : c'est stupide, c'est niais, mais c'est comme ça !

— Saperlotte ! mais j'ai une famille

qui est aristocrate en diable, et qui poussera des cris de merlusine lorsqu'elle apprendra qu'un fils de leur famille a osé ternir son blason par une mésaillance. Je serai honni, chassé !

— Qu'importe les piaíements de ces orgueilleux, puisque je te rendrai bien heureux, que je te donnerai du bonheur à foison... Vois-tu, de Fransac, une fois ta femme, je deviens grave, raisonnable; je prends des maîtres qui m'enseigneront toutes les sciences que tu aimes, le beau langage, les belles manières du monde. Ce château est à moi, à toi, puisque je te le donne, comme je te donne tout ce que je possède ; nous y ferons venir l'été tous tes amis, nous monterons à cheval, nous chasserons, nous pêcherons, nous danserons. Oh! tu n'auras pas un instant d'ennui ; car, pour qu'il ne puisse t'atteindre, mon amour t'enveloppera comme un réseau.

— Sambleu ! tu es la fille la plus aimable et la plus généreuse que j'aie jamais rencontré... Isabelle, laisse-moi le temps de me reconnaître, celui d'interroger mon cœur et, comme il est assez bien disposé en ta faveur, je te permets d'espérer, mon cher ange.

A ces bonnes paroles, la bonne et joyeuse fille sauta au cou du marquis, lequel lui rendit de bon cœur, caresse pour caresse.

CHAPITRE CINQUIÈME.

V

Demande en mariage.

C'était au village de Meudon, dans le jardin d'une belle et vaste maison de campagne qu'un jeune homme était assis près d'une fort jolie fille dont il pressait la main avec amour en lui disant :

— Lively, je vous aime, à vous mon cœur, à vous toute ma vie!

— Moi aussi, Julien, je vous aime et depuis le jour que vous êtes apparu à mes regards qui reconnurent dans vos traits les traits de mon père bien-aimé, rien n'a pu empêcher mon cœur de s'élancer vers vous. Oui, je vous aime, Julien, et serais bien heureuse d'être votre femme, disait Lively, en fixant sur le jeune homme des yeux remplis de la plus douce expression.

— Vous, ma femme; oh bonheur!

mais hélas! je vous l'ai dit, Lively, je suis sans famille, sans nom, un enfant perdu, pour ainsi dire, car ma naissance est un mystère que cache un voile obscure, impénétrable... Votre père consentira-t-il jamais à accepter pour son gendre un homme de ma sorte?

— Julien, mon père vous estime, il vous aime, osez donc sans crainte lui déclarer vos sentiments. Je vous autorise, mon ami, à lui dire que je partage l'amour que je vous ai inspiré, à lui dire encore qu'une union avec vous, serait pour moi le comble du bonheur.

— Je lui dirai, mais je tremble!

— Ne tremblez pas, monsieur, et faites ce que je vous dis, ou si vous n'osez, que votre bon monsieur Renaud, qui, dites-vous, doit venir visiter mon père, fasse pour vous, la demande de ma main.

— Je lui en parlerai, chère Lively, aujourd'hui même, et s'il me refuse alors ce sera à moi de surmonter mes craintes.

— Pourquoi appréender un refus de la part de ce bon vieillard qui vous aime comme si vous étiez son fils et par conséquent ne peut vouloir que votre bonheur.

— C'est que toutes les fois que j'ai abordé la question du mariage, le cher homme s'est empressé de m'en détourner et je l'ai compris; il redoute l'accomplissement d'un acte qui exigera la révélation de ma naissance, le nom des auteurs de mes jours, ou mieux encore, il craint pour moi l'humiliation d'un refus, répliqua tristement Julien.

— Allons, ne nous affligeons pas ainsi

d'avance, mon ami ; espérons, car mon père qui veut que je sois heureuse, ne voudra sans doute pas faire le malheur de ma vie en nous séparant... Eh ! mon Dieu ! quand dernièrement il a refusé ma main au vicomte de Brémont, c'était peut-être parce qu'il pensait à vous et qu'il avait deviné que nous nous aimons.

— Le ciel vous entende, Lively ! soupira Julien.

— Il ne peut en être autrement, mon ami, car la demande de M. de Brémont n'avait rien que de très-honorable pour nous ; il est de bonne et ancienne famille, et sa fortune sera un jour considérable. Or, je vous le répète, si mon père a refusé pour moi un parti aussi avantageux, c'est que, apparemment, il en a un autre en vue qui lui convient davantage, et cet autre ne peut être que le vôtre, mon ami, vous qu'il aime comme un fils, sur qui ses regards se posent sans cesse avec l'expression de la plus tendre sollicitude... Julien, parlez à mon père, ne craignez pas.

Le craquement du sable annonça aux

amants la présence d'un importun, chacun d'eux afin de rompre un rapprochement par trop intime, s'empressa d'éloigner tant soit peu sa chaise de celle de son voisin.

— Sambleu ! ne vous intimidez pas, mes amis, c'est moi, le pauvre de Brémont, le vaincu de toutes parts, blessé par un heureux rival, repoussé par un père, dédaigné de la plus belle, mais qui vaincu par la générosité de son rival, les aveux d'une adorable indifférente a su prendre son parti bravement, mettre un frein à son humeur jalouse et se conserver deux amis en vos gentilles personnes.

— Aussi, monsieur le vicomte, après mon père et Julien, est-ce vous que j'aime le mieux en qualité du plus généreux des hommes, fit en souriant Lively.

— Corbleu! n'était ce pas le meilleur parti qu'avait à prendre un homme raisonnable en voyant son plus cher espoir entièrement déçu, lequel s'est dit : puisqu'on ne veut de moi ni pour gendre ni pour mari, eh bien offrons-nous en qualité d'ami, mais à une condition que vous avez acceptée, mademoiselle, veuillez vous en souvenir.

— Oui, je sais, ma survivance, lorsque ma femme sera veuve ; mais sois certain, mon cher de Brémont, que, si je deviens l'époux de Lively, je te ferai attendre ma succession le plus longtemps qu'il me sera possible.

— Bien dit, et ce que je ferais de même si j'étais à ta place.

— Monsieur le vicomte, fit Lively, afin de donner une autre cours à la conversation, avez-vous enfin des nouvelles à me donner de M. de Fransac?

— Aucune encore, mademoiselle; tout le monde ignore ce que les gens qui l'ont enlevé on pu faire de lui, dans quel but ils ont agi et où ils ont pu le conduire... Le bruit de cet accident est venu même jusqu'aux oreilles du roi, qui s'est empressé de donner des ordres pour qu'on se mît à la recherche du pauvre marquis ; mais toutes celles qui ont été faites jusqu'ici sont sans résultat.

— Voilà qui est aussi pénible qu'étrange... Messieurs, connaissez-vous des ennemis à M. de Fransac?... dit Lively.

— Pas un, mais en revanche beaucoup d'amis, qui, à l'heure qu'il est et depuis deux mois que de Fransac a disparu, ne cessent de le chercher et de le faire chercher, répliqua le vicomte.

— Ce qu'il y a de plus inquiétant, fit Julien, c'est qu'il ne nous ait pas écrit, ce qui annoncerait que notre pauvre ami n'a pas la liberté d'agir, car s'il en était autrement, je suis convaincu qu'il se serait empressé de nous rassurer par une lettre.

— Mon Dieu ! si les vilaines gens qui l'ont enlevé allaient l'avoir tué ? observa Lively avec crainte.

— Diable ! espérons qu'il n'en est rien... Mais pourquoi cet enlèvement ? dans quel but ? Ce n'est, certes pas, pour s'emparer de ses richesses, puisque le cher garçon a eu le soin de se ruiner avant qu'on ne s'en prenne à sa personne, dit Julien.

— Mademoiselle Lucrèce de Grosbois se console-t-elle enfin de la perte de son cher cousin et futur? demanda Lively.

— Parfaitement, d'autant mieux que la chère demoiselle ne prend pas la chose au sérieux, et qu'elle ne voit dans la disparition du marquis qu'une nouvelle mystification dont il a voulu la rendre victime, répondit le vicomte en riant.

— Par exemple ! fit la jeune fille avec surprise.

— Si nous étions encore au temps des fées et des magiciennes, on pourrait croire qu'une de ces dames, jalouse du bonheur de mademoiselle Lucrèce et amoureuse de son prétendu, a enlevé ce dernier pour le transporter dans quelque palais aérien, dit le vicomte.

Deux heures après ce dernier entretien, Julien rentrait dans sa demeure pour se diriger vers la chambre du vieux Renaud, qu'il trouva seul en train de lire saintement son bréviaire, et qui, en le voyant paraître, ferma son livre pour l'accueillir le sourire sur les lèvres.

— Bonjour, mon ami, fit Julien en prenant un siége pour se placer à côté du vieillard.

— Bonjour, mon enfant... D'où viens-tu, que je ne t'ai pas vu ce matin? demanda le prêtre.

— De faire des visites, mon ami.

— Il en est une surtout que tu n'as eu garde d'oublier, n'est-ce pas?

— Au marquis de Beaulieu, je vous comprend, mon ami, je sors de chez lui.

— J'en étais sûr... Ah ça! mais tu

tardes beaucoup, mon enfant, à me présenter à M. de Beaulieu : craindrais-tu par hasard que je fasse la conquête de son aimable fille? dit le vieillard en souriant.

— Mon ami, c'est ce qui ne peut manquer d'arriver, car qui vous connaîtra, vous aimera.

— Assez, petit flatteur.

— Mon ami, c'est demain que je vous

prierai de vouloir bien m'accompagner chez M. de Beaulieu, auquel vous demanderez pour moi la main de mademoiselle Lively, sa fille.

— Comment, tu veux te marier ?

— Oui, mon ami; j'adore Lively, j'en suis aimé et c'est d'après sa volonté que je veux la demander en mariage.

— Rien de plus naturel et de plus honnête. Mais... mais .. pense-tu, cher enfant, que ta position ne sera pas un obstacle à cette union et que M. de Beaulieu consentira?...

— A donner sa fille à un bâtard, vous voulez dire, mon ami?... Eh bien ! je crains le contraire, j'en tremble, car un refus de la part du marquis serait un arrêt de mort pour moi qui adore sa fille et ne saurais vivre sans sa possession, répliqua Julien avec feu.

— Allons, soyons raisonnable, mon enfant... Quoi que ce sentiment me soit étranger, je me suis laissé dire qu'il n'était rien moins que mortel, ce dont je me félicite en l'intérêt de tes jours qui me sont précieux... Ah ça! tu désires donc que je demande en ton nom mademoiselle Lively en mariage?..... Eh bien! mais ça peut se faire, vu que je ne serai pas fâché du tout de te savoir marié et à l'abri des dangers auxquels s'expose souvent un jeune homme de ton âge...

— Vous consentez? ah! que vous êtes bon, mon vieil ami! Mais, dites-moi, il me semble que, dans un cas aussi important que celui dont il s'agit, vous n'éprouverez aucun scrupule à confier au marquis ce que vous savez...

— Que sais-je? fit Renaud d'un air surpris.

— Ce que vous avez sans cesse refusé de me dire concernant ma naissance, ma famille, parce qu'enfin le marquis de Beaulieu doit nécessairement savoir à qui il accorde sa fille.

— Certainement, aussi vais-je m'empresser d'écrire à qui de droit, afin de savoir à quoi m'en tenir et ce que je dois dire et taire.

— Écrivez donc vite, mon ami, surtout dans des termes pressants ; dites surtout qu'il s'agit du bonheur de ma vie, que j'adore la jeune fille à laquelle je brûle de m'unir ; dites enfin qu'il faut un nom à un homme pour se marier, qu'il m'en faut un absolument, sous peine de me voir refuser Lively, ce qui serait pour moi le désespoir.

— Bien, bien ! je dirai tout cela.

— Mais, cette réponse, il nous la faut demain, afin que vous sachiez ce que vous aurez à dire au marquis.

— Demain, c'est impossible, mon enfant. Il faut au moins donner à ma lettre le temps d'arriver à sa destination et à la réponse d'arriver jusqu'à moi.

— Mon Dieu ! mais ma mère demeure donc bien loin ? demanda Julien avec impatience.

— Bien loin, en effet... N'importe,

Conduis-moi toujours demain chez M. de Beaulieu, afin de faire sa connaissance et de sonder tant soit peu le terrain.

— Volontiers, mon ami... Oh! vous verrez combien ma Lively est belle et bonne; vous ne pourrez vous empêcher de l'aimer, de vous intéresser à nos amours, à notre bonheur.

— Je le crois, mon enfant, mais Dieu veuille qu'il en soit ainsi du père de cette jeune fille!...

— Ne vous ai-je pas dit que M. de Beaulieu m'aime comme si j'étais son fils !

— Certainement! mais ces gens de noblesse n'entendent guère raison quand il s'agit de mésalliance, et tu es sans naissance, sans titre aucun, mon pauvre enfant.

— Hélas! si ce malheur devait me causer la perte de Lively, je crois que dans mon désespoir je maudirais ceux qui m'on donné l'existence! répliqua Julien avec force.

— Malheureux! mais alors tu offenserais Dieu et la pauvre mère qui t'aime et souffre de ne pouvoir t'appeler son fils, de te presser dans ses bras, pense donc, enfant, que, quoique forcée de se cacher à tes yeux, de te priver de ses caresses, cette bonne mère n'en veille pas moins sur toi, que tu lui dois tout, la vie, l'éducation, la fortune!...

— Et le malheur d'être un bâtard dont tous les gens titrés et de cœur repousseront l'alliance avec mépris.

— Les orgueilleux, c'est possible!...

Mais pour Dieu! n'y a-t-il donc parmi le peuple de très-sages et jolies filles parmi lesquelles tu pourrais choisir une compagne qui serait heureuse et fière de devenir ta femme, d'embellir ta vie par ses vertus et son amour ? fit le vieillard avec vivacité.

— J'en conviens; mais il n'eût pas fallu alors que je rencontrasse Lively, répliqua Julien d'un air triste et pensif.

— Espérons qu'il n'en sera rien ; mais

enfin, si M. le marquis de Beaulieu ne voulait pas t'accepter pour le mari de sa fille?...

— Je vous l'ai dit, mon ami, j'en mourrai !

— Voilà qui serait beau, ma foi ! mourir à ton âge... On ne meurt pas, monsieur, on ne meurt pas d'amour, mais on demande à Dieu la force et la consolation ; puis, au lieu de traîner sa jeunesse et sa vie dans la mollesse, à courtiser les filles, on se fait homme, on cherche à se faire un nom, à se rendre utile à son pays... Mourir d'amour! Oh! la belle conclusion! qui, auprès des gens de cœur, passe pour un acte de démence et de lâcheté! Ah! que ne sommes-nous resté dans notre paisible province plutôt que de venir ici, t'exposer au contacte d'une foule de jeunes muguets dont les mœurs mondaines, l'existence désœuvrée ont été pour toi, un funeste exemple!

— Sambleu! monsieur, est-ce donc faire preuve de corruption que de s'attacher à une jeune personne remplie de bonnes et précieuses qualités ainsi que je l'ai fait? dit Julien avec emportement.

— Non, certes! mais au moins avant de livrer son cœur, on réfléchi, on se demande quels seront les résultats d'une passion téméraire, ambitieuse, et si la position que nous a fait le sort ne sera pas un obstacle indomptable à la réalisation de nos désirs...

L'amour ne calcule pas, monsieur, répondit froidement Julien.

— L'amour est un maladroit alors, aussi ne fait-il que des sottises ; car enfin, s'il plaisait à un homme de rien de s'enmouracher de la fille d'un roi, serait-ce une raison, parce que monsieur l'amour aurait voulu qu'il en fut ainsi, pour que la majesté lui donnât sa fille en mariage ?

— Tenez, brisons sur un entretien qui me chagrine, et attendons la décision de M. de Beaulieu auquel je vous présenterai demain, puisque vous daignez consentir à faire cette démarche en ma faveur.

— Soit! car ma pauvre cervelle ne lutte pas, sans fatigue contre la rhétorique et les arguments d'un amoureux de ta force... A demain donc!

Un instant après que Julien eut quitté Renaud, vint la comtesse d'Auberville que le vieux prêtre accueillit avec empressement en allant à sa rencontre.

— Ma foi, madame, soyez la bienvenue, car je me disposais à vous faire une visite ce matin.

— Était-ce à l'amitié ou à la nécessité de m'entretenir d'affaires que j'eusse été redevable de cette bonne démarche ! interrogea Hubertine en souriant.

— A l'une autant qu'à l'autre, madame, car vous voyez en moi le vieux bonhomme le plus tourmenté du monde.

— Il se pourrait? Expliquez-vous, mon ami.

— Sans doute, Hubertine, que vous

avez déjà deviné qu'il s'agit de notre cher enfant, qui en ce moment me donne beaucoup de tintoin... Monsieur veut absolument se marier.

— Se marier ? fit la comtesse avec l'expression d'une pénible surprise.

— Oui, avec une jeune fille qu'il aime, dont il a su se faire aimer, dit-il, enfin avec mademoiselle Lively de Beaulieu.

— Hélas! mais ce mariage ne peut se

faire, jamais le marquis de Beaulieu ne consentira à donner la main de sa noble fille à un jeune homme comme Julien, qui n'a ni famille, ni nom.

— C'est ce que je m'exténue de répéter à notre enfant, mais monsieur, qui se dit fort aimé de monsieur de Beaulieu espère et me délègue en qualité d'ambassadeur auprès du marquis afin de proposer cette alliance... Qu'en pensez-vous, ma chère Hubertine?

— Que, si l'amour de mon fils pour

mademoiselle de Beaulieu est véritablement sérieux, nous devons nous attendre à de grands chagrins, si le marquis refuse de lui donner sa fille, ce qui arrivera indubitablement, mon vieil ami.

— Hélas! j'en ai grand peur aussi, fit le prêtre.

— N'importe, voyez monsieur de Beaulieu, sondez ses dispositions à l'égard de Julien, et s'il vous interroge sur sa naissance, avouez-lui franchement qu'il est le fils d'une fille, laquelle unie forcément à un autre homme que le père de son enfant, ne peut ni le reconnaître ni se nommer... Dites encore, mon ami, que Julien est d'un sang noble, et qu'un jour sa fortune sera considérable. Si ces aveux ne peuvent satisfaire le marquis, si sa délicatesse refuse cette alliance, alors, et après avoir fait tous nos efforts pour consoler Julien, afin qu'il oublie, nous le ferons voyager, ainsi que je vous en ai déjà fait la proposition.

— Consoler! consoler! sera-ce chose facile? j'en doute? enfin, nous essaierons.

— Mon ami, ainsi que mon fils, je ne suis pas sans espoir non plus, parce que, si les intentions de monsieur de Beaulieu n'étaient pas toutes bienveillantes envers Julien, il me semble que ce seigneur, qui sait ce jeune homme sans famille, n'aurait point, en le recevant chez lui, en le traitant comme un fils, encouragé une liaison aussi intime que celle qui existe aujourd'hui entre sa fille et notre enfant... Oui, mon ami, voyez le marquis et espérons!

— Puisque tel est votre avis, c'est aujourd'hui même et non demain que je veux me présenter chez ce seigneur dont je suis impatient de connaître la pensée à l'égard de notre Julien.

— Allez, mon ami, et sans plus hésiter, sans plus attendre, abordez la question du mariage, car ainsi que vous, j'ai hâte de faire cesser la cruelle incertitude dans laquelle nous plonge cette affaire, de connaître la décision de monsieur de Beaulieu.

Tandis que Renaud et la comtesse disaient ainsi, un autre entretien, sur le même sujet, avait lieu à l'hôtel de Beaulieu entre un père et sa fille.

— Ainsi, disait d'un air bienveillant, le marquis de Beaulieu à Lively, voilà le sujet de tes soupirs perpétuels, de cette tristesse que je remarque en toi depuis quelque temps? Ah! tu aimes Julien? Ah! tu te permets de faire un amoureux du frère que je crois te donner, petite sournoise?

— Mon bon père, je vous assure que cela est venu sans que j'y pense, sans le vouloir et je crois qu'il en est de même de monsieur Julien.

— Ah! ah! Mais comment maintenant remédier à tout cela et qu'espérez-vous de cette belle passion?

— Que vous nous marierez, cher père.

— Très-bien conclure! mais Julien ne m'a pas, que je sache, demandé ta main jusqu'alors.

— C'est qu'il n'ose, mon père, et pourtant l'envie ne lui en manque pas, mais il a si peur que vous ne le refusiez pour gendre.

— C'est à quoi devrait s'attendre un garçon qui, abusant de la confiance que j'ai placée en lui, s'est permis de faire la cour en sournois à ma fille. Ah çà! tu l'aimes donc sérieusement, ce Julien? Cette belle passion qui te rend toute rêveuse, ne serait-elle par hasard un simple caprice de jeune fille, qui veut devenir femme quand même?

— Ah! mon bon père, qu'osez-vous

dire? J'aime Julien au point que s'il fallait renoncer à l'espoir qu'il sera mon mari, je mourrai de chagrin.

— Eh bien! voilà du bel ouvrage que j'ai fait là en recevant chez moi ce petit enjoleur... Mais, sais-tu que ce garçon est sans naissance, qu'on ignore complètement ce qu'il est et de qui il descend? Qu'en donnant ma fille à cet enfant perdu, j'encoure le blâme de la cour et de la ville?

— Que vous importe l'opinion du

monde en cette circonstance, quand il s'agit de faire le bonheur de deux cœurs, de vous donner un gendre très-gentil, spirituel et bon, qui vous aimera, vous honorera, rendra votre Lively bien heureuse, ce qui est préférable cent fois, que de la marier à quelque jeune seigneur étourdi, libertin, dissipateur, qui la rendrait la plus malheureuse femme du monde?

— Ce que tu dis là est très-judicieux et de première force.. Oh! tu raisonnes bien quand il s'agit de plaider ta cause. Mais moi, qui suis le seul juge en cette affaire, tu permettras sans doute, avant que je prononce, de me renseigner et de me consulter.

— Soit, cher père, mais surtout, gardez-vous d'oublier que j'aime Julien et que s'il ne devient mon mari, je mourrai de chagrin et de regret.

— Diable! voilà une conclusion qui doit en effet me donner à penser.... Heureusement que le temps où les amants se laissaient mourir d'amour est passé, répliqua le marquis en souriant.

— Oh! ne vous y fiez pas, cher père.

— Ainsi, il n'y a pas à balancer, le mariage ou la mort!

— Hélas! oui, soupirait Lively, lorsqu'un valet se présenta pour annoncer M. Renaud, ecclésiastique et ex-curé de Vibraye.

— Mon père! ce monsieur est le gouverneur de Julien... Oh! je suis certaine qu'il vient vous demander ma main...

N'allez pas la lui refuser, car Julien serait au désespoir, dit vivement Lively devenue rouge et tremblante.

— C'est bien, mademoiselle, je sais ce que j'ai à faire en cette circonstance et par suite de vous dispenser de me donner votre avis... Retournez dans votre appartement et laissez-moi causer en paix avec monsieur Renaud qui ne me fait peut-être aujourd'hui qu'une simple visite de politesse en l'intention de me remercier de l'amitié que je témoigne à son élève.

— J'obéis cher père, mais je reviendrai aussitôt après qu'il sera parti, afin que vous me racontiez tout ce que vous aurez dit concernant Julien et moi.

Lively embrassa son père et s'éloigna pour céder la place au visiteur qui se présenta d'un air humble, timide et duquel la vénérable figure captiva instantanément les bonnes grâces du marquis.

— Soyez le bien-venu chez moi, monsieur, où depuis longtemps je me plaignais de votre absence, fit M. de Beaulieu en allant à la rencontre du bon prêtre qui ne l'eut pas plutôt envisagé que l'expression de la surprise se peignit dans ses traits.

— Je devine, monsieur, la surprise que vous occasionne l'extrême ressemblance de mon visage avec celui de monsieur votre élève, caprice bizarre de dame nature, qui a beaucoup contribué, je vous l'avouerai, à me rendre bienveillant envers lui, fit le marquis en avançant un siége au visiteur.

— En effet, monsieur le marquis,

cette ressemblance me surprend on ne peut plus... En vérité, vous seriez le père de Julien qu'il ne pourrait exister plus de rapports entre vos traits et les siens.

— Son père, je voudrais l'être, monsieur, car j'estime fort ce jeune homme, je dirai plus, je me suis senti pour lui une affection tellement vive, dès le premier jour que je l'ai vu, que j'ai peine encore à m'en rendre compte, affection qui n'a fait que d'augmenter depuis que j'ai été à même d'apprécier les nombreuses et rares qualités que possède ce jeune homme.

— En vérité, monsieur, vous ne sauriez croire combien vous me rendez heureux et fier en me parlant de mon cher élève en des termes aussi flatteurs. Oui, Julien est un brave et digne jeune homme de qui le cœur est aussi noble que reconnaissant du bien que l'on lui fait, aussi, monsieur le marquis, le cher enfant ne cesse-t-il de m'entretenir de vous et de mademoiselle votre fille en des termes les plus flatteurs.

— De ma fille, surtout! Ah! ça, mais ne vous a-t-il pas chargé de me parler d'elle? Allons, dites sans crainte, reprit de Beaulieu, en voyant le vénérable visage du prêtre, se couvrir d'une vive rougeur.

— Monsieur le marquis, je suis d'abord chargé par Julien de vous exprimer toute sa reconnaissance de l'honorable amitié que vous et mademoiselle Lively daignez lui témoigner chaque jour, répliqua le vieillard que venait d'embarrasser la question du marquis, amitié d'autant plus précieuse, ajouta-t-il, que la position du pauvre enfant n'est pas de celles qui attirent le plus la confiance et l'estime des personnes de noble origine.

— Ah! vous faites allusion à l'obscurité de sa naissance et cependant, depuis que lui-même m'en a fait l'aveu, je me suis empressé de l'accueillir avec plus d'aménité encore, afin de lui prouver que je ne tenais aucun compte d'une faute, si c'en est une, dont il est fort innocent. Cependant, monsieur, je ne serais pas fâché de causer avec vous sur ce sujet, sans vouloir toutefois devenir indiscret, ni prétendre m'initier dans le secret d'une famille.

— Tout ce qu'il m'est permis de dire, je vous le dirai, monsieur, moi l'ami, le confident de cette famille. Parlez donc sans craindre d'être indiscret.

— Monsieur Renaud, vous n'ignorez sans doute pas que Julien aime ma fille et qu'il en est aimé?

— Hélas! monsieur le marquis, je sais ça et ne puis que vous supplier de pardonner une pareille témérité au pauvre enfant, qui, seul sur la terre, et n'ayant pour unique ami que le vieillard qui lui a tenu lieu de père, a laissé surprendre son cœur neuf et plein d'innocence par le premier ange qui a daigné lui sourire avec bonté.

— Si c'est une faute qu'a commis Julien en aimant ma fille et en cherchant à se faire aimer d'elle, c'est donc moi qui serait le premier coupable, moi qui ai ouvert ma demeure à Julien, qui ai pour ainsi dire séduit son cœur en le mettant chaque jour en contact avec celui de ma fille, enfin! en laissant naître et croître une inclination réciproque que j'avais deviné et que je désirais...

— Mais alors, monsieur le marquis,

en agissant ainsi, c'est que vous connaissiez le remède nécessaire pour guérir le mal que vous provoquiez? fit vivement le vieillard dans le cœur duquel descendait l'espérance.

— Sans doute! le mariage, tel est le traitement sur lequel j'ai compté pour guérir ces enfants.

— Le mariage! Quoi, monsieur le marquis, vous seriez assez bon, assez généreux pour y consentir, pour faire de mon cher élève le plus heureux des hommes? Ah! soyez alors, mille fois bénis du ciel! s'écria Renaud les mains jointes en fixant sur ceux du marquis des yeux mouillés par les larmes de la reconnaissance.

— Bon Dieu! mon cher monsieur, ne me remerciez pas avec autant de ferveur, d'un consentement qui n'est autre de ma part qu'une spéculation dans l'intérêt de mon amour paternel. Je vois chaque jour, dans le monde où je vis, tant d'unions ridicules, monstrueuses, disproportionnées, liens formés par l'orgueil ou la cupidité et dont les résultats sont tellement douloureux et pitoyables, que j'ai tremblé pour l'avenir de ma fille. C'est alors que je me suis dit : Au lieu de donner mon enfant à un de ces jeunes gens comme j'en rencontre à chaque pas, qui passent leur vie en orgie et se ruinent pour satisfaire les caprices des filles d'opéra, cherchons pour gendre un honnête homme qui aimera Lively pour elle et non pour sa fortune et cet homme je l'ai trouvé en votre élève.

— Oh! pour ce qui est d'aimer mademoiselle votre fille à en perdre la tête, pour ce qui est encore de la rendre la plus heureuse des femmes, vous ne pouviez mieux choisir, monsieur le marquis. Oui, je vous donne mon enfant pour le plus aimant, le plus reconnaissant, le meilleur garçon passé, présent et à venir, enfin pour un cœur plein de franchise et de loyauté, incapable de faire de la peine à qui que ce soit. Mais je parle, je parle et pourtant tant d'éloges dans ma bouche peuvent vous paraître suspect, monsieur le marquis, cependant je vous jure que tout ce que je viens de vous dire est l'exacte vérité.

— Je vous crois sans nulle difficulté,

monsieur, oui, soyez content, car j'accepte Julien pour mon gendre et me félicite de ce choix... Maintenant, ne vous est-il permis de m'éclairer quelque peu sur son origine, répliqua le marquis.

— Ce que je puis vous dire, monsieur, moi ministre du Dieu Tout-Puissant, moi à qui le mensonge et la fraude sont étrangers, que Julien est d'un sang noble; que sa mère, abusée à l'âge de seize ans, par un suborneur audacieux, afin de se soustraire à la colère, à la malédiction de son père, s'est vu contrainte de donner le jour secrètement à son enfant et de le faire élever loin d'elle; que, plus tard, forcée par son père de contracter une illustre alliance, cette jeune fille ne s'est sentie ni la force ni le courage d'avouer à celui qu'elle acceptait pour époux, qu'elle avait été déshonorée et qu'elle était mère. Aujourd'hui, cette femme, qui n'a cessée de veiller avec sollicitude sur son enfant bien-aimé, occupe dans le monde une position honorable et brillante. Cette femme enfin, est un ange de piétié et de bonté, et c'est par sa voix et du plus profond de son cœur, que vous inondez de joie, que je vous remercie de tout le bonheur dont vous allez combler son fils en l'unissant à votre fille. Monsieur de Beaulieu, un jour viendra, peut-être, où il sera permis à cette tendre et affligée mère, de venir vous exprimer toute sa reconnaissance ; mais d'ici là, croyez bien, qu'elle ne cessera d'appeler sur le bienfaiteur de son enfant toutes les bénédictions du ciel.

— Merci de ce bon pronostic, mon cher monsieur Renaud ; et, maintenant que nous voilà d'accord, permettez-moi de vous présenter ma fille, dit le marquis en se levant pour offrir son bras au vieillard, pour le conduire à l'appartement de Lively, qui, en voyant paraître le vénérable ecclésiastique, se leva subitement et vint en rougissant à sa rencontre.

— Lively, je te présente monsieur Renaud, qui vient de me demander ta main pour Julien, son élève, auquel je l'accorde de grand cœur.

A ces mots, la jolie fille sauta au cou de son père les yeux humides des larmes de bonheur, dans le sein duquel elle cacha un instant son beau visage que coloraient la pudeur et la joie.

— Je ne m'étonne plus, mademoiselle, en vous admirant, si mon élève vous aime et s'il vous proclame la plus belle des femmes ; et, comme sous une enveloppe aussi parfaite, Dieu ne peut avoir placé que les qualités les plus estimables, je suis certain que Julien ne pourra qu'être le plus heureux des hommes avec une compagne telle que vous, dit Renaud en prenant la main de la jolie fille pour la presser dans les siennes avec aménité.

Après avoir lié connaissance avec Lively, le bon curé, pressé d'aller donner bonheur et joie à Julien ainsi qu'à Hubertine, prit congé du marquis et de sa fille, en leur promettant de leur envoyer Julien le plus tôt possible.

Quelques heures plus tard, le vicomte de Brémont succéda au vieux Renaud en qualité de visiteur. Croyant renconter Julien auprès de Lively, le jeune homme venait parmi eux passer quelques gais instants; mais combien fut pénible sa déception, en apprenant de la bouche de M. de Beaulieu, le mariage prochain des deux amants.

De Brémont, en homme d'honneur et après en avoir donné sa parole à Julien, avait en effet renoncé à ses projets sur Lively, envers laquelle, tout en n'ayant pu cesser de l'aimer, il s'était abstenu de tous galants propos et avec laquelle il se conduisait en ami ; cependant, l'espérance, il faut le dire, n'avait point tout à fait déserté le cœur du jeune homme, lequel pensait intérieurement que le marquis de Beaulieu ne consentirait jamais à donner pour mari à sa fille, un homme sans nom ni famille, aussi son cœur venait-il de recevoir un coup douloureux en voyant son dernier espoir s'envoler à jamais.

— Qu'avez-vous donc, monsieur le vicomte ? comme vous êtes pâle ?... Mon Dieu ! seriez-vous indisposé ? s'empressa de s'informer Lively avec sollicitude en prenant la main du jeune homme.

— Ce n'est rien, un étourdissement qui vient de me prendre, de grâce ne vous effrayez pas, mademoiselle, répondit le jeune homme en s'efforçant de se remettre et de sourire.

Pendant ce temps, le marquis s'empressait de sonner afin qu'on apportât vivement ce qui était nécessaire pour secourir le jeune homme, auquel il conseilla d'aller faire un tour de jardin afin d'y respirer le grand air.

Sur ce conseil de son père, Lively offrit son bras au vicomte, et tous deux, du salon et par une porte fenêtre, passèrent au jardin où ils furent s'asseoir sous un berceau de chèvre-feuilles.

— Ainsi, mademoiselle, voilà Julien au comble de ses vœux! Avouez qu'il est un heureux mortel dont il est permis d'envier le sort à tous ceux qui vous connaissent, dit de Brémont en fixant sur Lively un regard rempli de tristesse.

— Monsieur de Brémont, soyez généreux jusqu'au bout en n'étant pas jaloux de votre ami, et souvenez-vous, qu'en cessant d'être son rival, vous m'avez promis d'être son frère et le mien, répliqua Lively du ton le plus doux comme le plus amical.

— Jaloux! désespéré! Hélas! qui ne

le serait pas en vous voyant devenir la femme d'un autre, lorsqu'on vous aime, mademoiselle.

— Mon Dieu! est-ce donc de ma faute si mon cœur a choisi Julien plutôt qu'un autre? Mais en revanche ne vous ai-je pas donné mon amitié toute entière? Ne vous ai-je pas dit, qu'après Julien, vous étiez le jeune homme que j'aime le plus? Mais, si vous tenez à conserver mon affection, il faut cesser d'être chagrin et surtout jaloux... Voyez M. de Fransac, comme il a été raisonnable lui, et pourtant il m'aimait aussi... Imitez-le, monsieur, et en restant seulement mon ami, acquérez ma confiance entière, ne devenez pas un témoin incommode devant lequel et en la crainte de l'affliger, je n'oserai faire une caresse à mon mari... Est-ce dit? me promettez-vous d'être sincère?

— Je me tairai, mademoiselle, j'imposerai silence à mon cœur quand même la douleur le déborderait, et vous n'aurez jamais à vous plaindre de moi que l'amitié et la reconnaissance enchaînent à Julien ; mais, ne vous y trompez pas, sous ces efforts surhumains pour vous paraître calme et vous satisfaire, le regret, la douleur et l'amour se tiendront timides et cachés, car qui vous aime, mademoiselle, ne peut cesser de vous aimer, et à la mort seule appartient le droit de glacer dans le cœur d'un homme la vive passion que vos charmes lui ont inspiré.

— Hélas! il est donc dit qu'une pauvre fille ou femme que la nature aura un peu avantagée, ne pourra jamais espérer d'avoir un ami sincère et désintéressé! Non, il faudra toujours que ce vilain démon qu'on appelle amour, se mêle de la partie... Ah! tenez, vicomte, je voudrais être laide à faire peur, comme cela, vous m'aimeriez peut-être un peu pour moi et non pour ce qu'il vous plaît d'appeler ma beauté, mes charmes, toutes ces choses passagères auxquelles vous autres, messieurs, vous vous attachez beaucoup plus qu'aux véritables qualités du cœur, dit Lively avec courroux.

— Allons! ne vous fâchez pas, ne m'en voulez pas, mademoiselle ; c'est la dernière fois, je vous le jure, que je vous aurai parlé des faiblesses de mon cœur...

Vous allez vous marier, devenir la femme de Julien, et mon cœur ne voudra pas trahir l'amitié.

— A la bonne heure, voilà qui est bien et noblement parler et vous réhabilite tout à fait en mon estime, dit Lively en présentant sa main à presser au vicomte, lequel s'en empara pour y déposer un baiser respectueux.

FIN DU DEUXIÈME VOLUME.

TABLE

DES

CHAPITRES DU DEUXIÈME VOLUME.

		Pages.
I.	— Les deux sosies (*suite*)	3
II.	— Deux mois plus tard	55
III.	— Faits divers	105
IV.	— Un enlèvement	165
V.	— Demande en mariage	235

FIN DE LA TABLE DU DEUXIÈME VOLUME.

Melun. — Imprimerie de DESRUES et Cie.

NOUVEAUTÉS EN LECTURE

DANS TOUS LES CABINETS LITTÉRAIRES.

Une Femme à trois visages, par Ch. Paul de Kock, 6 vol. in-8.
Une Existence Parisienne, par Mme de Bawr, 3 vol. in-8.
Les Yeux de ma tante, par Eugène Scribe. 3 vol. in-8.
Les Exploits de Rocambole, par Ponson du Terrail. 8 vol. in-8.
Le Bonhomme Nock, par A. de Gondrecourt. 6 vol. in-8.
Le Vagabond, par L. Enault et L. Judicis. 6 vol. in-8.
Les Ruines de Paris, par Charles Monselet. 4 vol. in-8.
Les Viveurs de Province, par Xavier de Montepin. 6 vol. in-8.
Les Coureurs d'Amourettes, par Maximilien Perrin. 3 vol. in-8.
La dame au gant noir, par Ponson du Terrail. 8 vol. in-8.
Les Émigrans, par Elie Berthet. 5 vol. in-8.
Les Cheveux de la reine, par madame la comtesse Dash 3 vol. in-8.
La Rose Blanche, par Auguste Maquet, 3 vol. in-8.
La Maison Rose, par Xavier de Montépin, 6 vol. in-8.
Le club des Valets de Cœur, par Ponson du Terrail, 8 vol. in-8.
Monsieur Cherami, par Ch. Paul de Kock, 5 vol. in-8.
L'Envers et l'Endroit, par Auguste Maquet. 4 vol. in-8.
Les Drames de Paris, par Ponson du Terrail, 9 vol. in-8.
Le Prix du sang, par A. de Gondrecourt. 5 vol. in-8.
Nena-Sahib, par Clémence Robert. 3 vol. in-8.
La Reine de Paris, par Théodore Anne. 3 vol. in-8.
Un ami de ma femme, par Maximilien Perrin. 3 vol. in-8.
La Maison mystérieuse, par mad. la comtesse Dash. 4 vol. in-8.
Le Bossu, aventures de cape et d'épée, par Paul Féval. 5 vol. in-8.
La Bête du Gévaudan, par Élie Berthet. 5 vol. in-8.
Les Spadassins de l'Opéra, par Ponson du Terrail. 8 vol. in-8.
Le Filleul d'Amadis, par Eugène Scribe. 3 vol. in-8.
La Louve, par Paul Féval. 6 vol. in-8.
Les Folies d'un grand Seigneur, par Ch. Monselet 4 v. in 8.
La Vieille Fille, par A. de Gondrecourt. 4 vol. in-8.
Le Masque d'Acier, par Théodore Anne. 4 vol. in-8.
Le Juif de Gand, par Constant Guéroult, auteur de *Roquevert l'Arquebusier.* 4 vol. in-8.
La Princesse Russe, par Emmanuel Gonzalès. 2 vol. in-8.
La Fille Sanglante, par Charles Rabou. 4 vol. in-8.
La Belle Provençale, par le vicomte Ponson du Terrail. 6 v. in-8.
Dettes de Cœur, par Auguste Maquet. 2 vol. in-8.
Le Tigre de Tanger, par Paul Duplessis, et A. Longin. 5 v. in-8.
Le Médecin des Voleurs, par Henry de Kock. 4 vol. in-8.
La Tour Saint-Jacques, par Clémence Robert. 4 vol. in-8.
L'Homme de Fer, par Paul Féval. 5 vol. in-8.
Les Chevaliers errants, par Féré et St-Yves. 4 vol. in-8.
Le Guetteur de Cordouan, par Paul Foucher. 3 vol. in-8.
Les Petits Bourgeois, par H. de Balzac. 4 vol. in-8.
Le Pêcheur de Naples, par Eugène de Mirecourt, 4 vol. in-8.
Le vicomte de Chateaubrun, par Gabriel Ferry. 2 vol. in-8.
La Famille Beauvisage, par H. de Balzac. 4 vol. in-8.
Le Château de la Renardière, par Marie Aycard. 4 vol. in-8.

Pour la suite des Nouveautés, demander le Catalogue général qui se distribue gratis.

Paris. — Imp. de P.-A. Bourdier et Cie, 30, rue Mazarine.

www.ingramcontent.com/pod-product-compliance
Lightning Source LLC
Chambersburg PA
CBHW071247160426
43196CB00009B/1195